# 崔可夫传

张　亮◎著

时代文艺出版社

图书在版编目（CIP）数据

崔可夫传 / 张亮著．—长春：时代文艺出版社，2015.12（2021.3重印）
（世界军事名人传记丛书）

ISBN 978-7-5387-4833-8

Ⅰ.①崔… Ⅱ.①张… Ⅲ.①崔可夫（1900～1982）－传记 Ⅳ.①K835.125.2

中国版本图书馆CIP数据核字（2015）第210458号

出品人　陈　琛
责任编辑　余嘉莹
装帧设计　孙　利
排版制作　隋淑凤



崔可夫传

张亮 著

出版发行 / 时代文艺出版社
地址 / 长春市福祉大路5788号　龙腾国际大厦A座15层　邮编 / 130118
总编办 / 0431-81629751　发行部 / 0431-81629755
官方微博 / weibo.com / tlapress　天猫旗舰店 / sdwycbsgf.tmall.com
印刷 / 三河市嵩川印刷有限公司
开本 / 710mm × 1000mm　1 / 16　字数 / 150千字　印张 / 12
版次 / 2015年12月第1版　印次 / 2021年3月第2次印刷　定价 / 36.00元

# 目录

Contents

# 序言

## 在剑与火中孕育新生

20世纪是充满火热与激情的社会变革时代，颠覆了陈旧的野蛮、保守和落后，缔造了崭新的文明、开放和进步。民主之风吹走了专制的尘埃，革命之火烧毁了封建的废墟。

20世纪也是一个浪漫和现实并重的历史发展阶段，人们对精神家园的渴求比任何时期都要强烈，诗人、哲人、革命者、艺术家，都在努力追寻着属于自己的那个梦想高地。

20世纪更是一个国际形势风云变幻的时代：两次世界大战的爆发，给参战的国家和人民带来了前所未有的灾难；社会主义思潮的传播，给被压迫的民族和国家带来了新的曙光；第三次科技革命运动的蓬勃发展，让新技术新能源的春雨滋润了工业文明的大地……

在这些重大的事件当中，第二次世界大战对人类社会的影响是极为深远的。在这场持续了6年的战争中，人类承受了刻骨铭心的痛苦和伤害。然而，也正是这次亘古未有的世界性战争，让一个又一个本是平凡普通的人走上了耀眼的历史舞台：优秀的军事家巴顿、蒙哥马利、麦克阿瑟……杰出的政治家丘吉尔、罗斯福、戴高乐……数不胜数。

时势造英雄，乱世出豪杰。每一个名人的成长和发达，都和生养他的那方热土密不可分。一个国家可以培养出一个伟人，一个伟人也能带领民众去拯救国家。不同的成长环境，将创造出个性不同的人物。

20世纪有这样一个国家，经历了异常复杂的变革过程，由一个封建专制的落后帝国变成了一个剧烈激荡的革命摇篮，然后又演变成为一个幅员辽阔、物产丰富的超级大国，最后又在顷刻间消亡……这个国家，就是经历了两次世界大战血与火考验的——俄国。

在这个饱经岁月沧桑、历经社会更迭的国度，诞生了一位不可多得的将才——瓦西里·伊万诺维奇·崔可夫，一个与世纪同龄的传奇人物。他从贫苦的小村庄走出来，怀揣着青年人朴素、单纯的梦想进入了一个风云激荡的社会，他的人生也由此发生了全新的变化。

20世纪是培养崔可夫的时代，因此他具备了很多时代的特征：喜欢接受新生事物、充满革命的朝气和信心、对未来社会的美好向往，以及坚定地追求理想并为之献身的精神……崔可夫属于这个躁动、蜕变的特殊时代。

20世纪造就了崔可夫，崔可夫也成就了20世纪。他是苏俄抗击白匪的青年将才，是到中国担任军事顾问的苏联特使，也是抗击法西斯恶魔的杰出将领，更是处理战后东德问题的军方大员。

他的所作所为，都在一定程度上推动了历史的前进。

崔可夫走过了20世纪的80多个春秋，见证了俄国十月革命、苏联的建立，以及卫国战争等重大历史事件的全过程。所以他的人生经历便不再简单，而是与这伟大的时代和这传奇的国家永远地融为了一体。

# 第一章 英才成势多磨砺

# 1. 小木屋里诞生的将星

在俄罗斯图拉州和莫斯科州，有一条名叫奥谢特尔河的河流，全长228公里，流域面积达3480平方公里。在疆土广袤的俄罗斯，这样的河流并不显眼，与著名的伏尔加河、顿河相比名声要逊色许多。然而就是在这条普通河流的怀抱中，一个名叫谢列布里亚内普鲁德的村庄，诞生了一位与世纪同龄的名将——瓦西里·伊万诺维奇·崔可夫。

谢列布里亚内普鲁德村分布在奥谢特尔河的河谷中，村民们住得比较分散，不过，村庄仍然有自己的中心部分——河的右岸。在这儿有一个小广场，周围到处可见店铺和仓库，居住在这儿的多数是富裕的商人、工人、农民，以及牲口贩子。笔直的街道，高大的围墙，木板或铁皮顶的房屋，构成了一幅充满乡间情调又不失工业文明风采的美丽剪影。

与右岸的风景相比，河的左岸完全是另外一副样子：这里没有漂亮精致的建筑，有的只是坑坑洼洼的坡地，附近散落着一些被破围墙包裹着的小木屋，多数简陋不堪。因此，当地人把左岸的村子称为“鳄鱼嚎”，可见此处的凄惨和萧索。生活在这儿的人，都是些以种地为生的穷苦农民。

在“鳄鱼嚎”有一幢十字形的小木屋比较惹眼，它一共有6个窗户，在深埋于地下的橡木柱子上安装了一扇难看但结实的大门。这所房子的主人名叫伊万，虽然像生活在这里的其他人一样贫穷，却身强力壮，被村民们称为“大力士约内奇”。

在那个下层人民缺乏娱乐方式的时代，穷苦的村民们经常聚在一起进行角力的游戏以此来消磨时光，而伊万正是这项简单淳朴的娱乐活动中的胜者。即使是在密集的人群中，伊万仍然占据绝对优势，因为他有着两只力达一普特（约合16.3805公斤）重的拳头，会让任何胆敢藐视他的人经受暴风雨般的肉体打击。

然而，角力的佼佼者还是要面对窘迫的生活境况——伊万的拳头换不来播种用的种子，也换不来磨粉用的谷粒。这个有着俄罗斯式性格的刚强汉子，只能通过辛勤的劳动努力改善自己的生活。尽管日子依旧贫困，但伊万一家人还勉强能填饱肚子，维持着最基本的生活。

1900年2月12日，伊万喜得他的第四个儿子。也许是营养不良的关系，这孩子生下来就是一副瘦弱不堪的样子，与身形魁伟的父亲形成了鲜明的对比。尽管如此，伊万还是非常高兴，毕竟在那个贫穷、动荡的时代，一个男孩的降生意味着给家里增添了劳动力，这就是生活的希望。然而让伊万没有想到的是，正是这个看起来像只瘦猴似的儿子，竟然在日后成了苏联响当当的英雄，他就是瓦西里·伊万诺维奇·崔可夫。

崔可夫的降生，毕竟让家里多了一张吃饭的嘴。伊万和妻子只好节衣缩食，减少不必要的开支，以养活那一张张嗷嗷待哺的小嘴。然而，正是这种严酷的生活环境，在崔可夫幼小的心灵中雕刻下了挥之不去的烙印。他依稀记得，父亲那阴云密布的脸，母亲那忙里忙外的身影，兄弟姐妹那因为饥饿的哭闹声……也恰是这种贫苦的生活环境，造就了崔可夫吃苦耐劳的个性和勇于面对一切困难的人生观。

20世纪沙皇统治下的俄国，百业凋敝，民不聊生，与同时期的英法相比，这个庞大而欠发达的资本主义国家千疮百孔，农奴制的残余、严酷的中央集权、不堪忍受的陈规陋习……组成了一个进步与文明并存的社会。迫于生计，崔可夫在他12岁的那一年，告别了学校和老师，离开了亲人和故土，独自一个人来到了无依无靠的彼得堡。





彼得堡始建于1703年，由于是彼得大帝修建的，因此也被称为“圣彼得堡”。它位于普里涅夫低地的西部、涅瓦河和芬兰湾的汇合处——在涅瓦河三角洲列岛上，是俄罗斯帝国的心脏。彼得堡是俄罗斯的文化和历史名城，有着精美的建筑，被称作“地上博物馆”。这里有彼得堡要塞、彼得大帝夏宫、斯莫尔尼宫、冬宫、喀山大教堂、圣伊萨克大教堂等建筑，代表着传统的、浓郁的俄罗斯风情。

离开贫穷、脏乱的家乡，12岁的崔可夫第一次来到了彼得堡这样的大城市。站在宽大的街道中央，他这才明白自己生活的国土还有这样富丽堂皇的城市，因此他发誓要在这里谋求到一份工作，不仅能够养活自己，最好还能补贴家用。就这样，无亲无故的崔可夫几经辗转，终于在喀山大街的彼得·萨韦利耶夫工厂找到了一份制造刺马针的工作。

刺马针是一种头部尖锐、穿过衣物之后用蝴蝶扣或橡胶帽等配件锁定徽章的金属制品，因此需要一定程度的铸铁工艺以及相应的手工工艺，更重要的是，生产这种配件的工作环境和生产条件通常也是非常艰苦的。但是对于崔可夫来说，能够在彼得堡这样的大城市找到工作，而且又是一个对农家孩子来说既陌生又新奇的工作，还是让他充满了浓厚的兴趣。

每天在案台上工作的时候，崔可夫看着手里那些即将成形或已经制造完毕的刺马针，就禁不住幻想自己有朝一日也能穿上英武的军装，然后在胸口挂上无数金光闪耀的勋章，光荣骄傲地接受大家赞赏的目光。当然，崔可夫明白，勋章不是空手就能得到的，只有在疆场上有所作为，才能实现自己这个梦想。从这一刻起，在崔可夫的潜意识中隐隐地埋藏下了报效国家的志向。

一个出身贫寒的农家孩子，一个对未来怀有迷茫的懵懂少年，将在这个激荡变革的时代中找到自己的人生方向。

## 2. 在革命的洪流中成长

20世纪初，欧洲风云变幻，随着英法德等资本主义帝国的相继崛起，因势力范围产生的矛盾也进一步激化，最终形成了同盟国和协约国这两大阵营。

1904年—1907年，英法俄在“三国协约”的基础上形成了协约国集团。英法、英俄分别签订了协议，在相互承认各自势力范围的基础上建立军事集团，与同盟国集团开始了对峙。为此，两大军事集团不断地扩军备战，进行军事演习，最终因萨拉热窝事件而引发了战端。1914年8月，人类历史上第一次世界大战爆发。贫穷的俄国没有采取明哲保身的策略，反而跟着实力雄厚的英法一起投入到欧洲战场之中。

战争爆发后，俄国的社会立刻变得动荡不安，特别是到了1915年，由于前线伤亡惨重以及战争规模的扩大，不少男人被迫奔赴战场充当炮灰。自然，工厂里的青壮年也难以幸免，一个接着一个地被拉到这场毫无正义性可言的战争中，致使劳动力锐减，剩下的只是些未成年的孩子和年长者。

当时，制造刺马针的工作由于人手不足而变得更加艰苦：第一批铸件还没来得及加工，第二批就稀里哗啦地扔到了工人的脚边。每次，崔可夫都要钳起已经烧成雪青色的带角毛胚，然后小心翼翼地放入台钳里面。每一位工人的身边，几乎都堆满了铁制品、铸铁和钢材。如果不能忍受这种艰苦的工作强度的话，想要拿到工资就是痴心妄想。最让工人们无法忍受的是，一到了中午，车间里面就闷得像蒸笼一样，连喘口气都成了无奈的奢望，空气中到处飞扬着稠密的金属粉末，一旦进入你的嗓子里就会一阵发痒。由于铸件都是金属制品，所以工人们的手臂都在这种沉重的劳动中被蹂躏得异常疲惫，稍稍运动一下就会感觉十分费力。

可是在这种情况下，工厂对工人的待遇却依然很苛刻，特别是领班，不仅监视着工人们的一举一动，还经常骂骂咧咧地嚷着："你们要是出废品的话，小崽子，我可要教训你们！"因此，一旦有工人表现出不服从的样子时，领班就会加以拳脚，甚至是无理地克扣他们的工资。

此时的崔可夫，已经在这种严酷的环境中迅速成长起来。他憎恨这种欺辱工人的丑恶行径，于是便和那些十四五岁的工友们联合在一起，与领班开始了不屈不挠的斗争。

每当遇到领班瞪着眼睛对工人们吆五喝六的情况时，崔可夫便号召大家停止工作，用更为强硬的目光同这些奴才们对视，引起了一次又一次的小罢工。鉴于这种情况，领班也不得不退让，因为他们深知如果工厂完不成生产任务的话，将会给自己带来极大的麻烦。所以，领班在得到教训之后便有所收敛，再也不敢像以前那样耀武扬威了。

崔可夫敢于领导工友与领班进行斗争，表现出了他勇敢无畏的精神以及反抗恶势力的个性。随着年龄的增长，他的这种个性又逐渐演变成为一名优秀的军事指挥官的素质。

第一次世界大战，给交战双方都带来了极大的物资损耗，特别是对于相对贫弱的俄国来说，这场战争几乎成了一场自掘坟墓的"败家战争"。在东线战场，俄国士兵缺吃少穿，而且三个人使用一条枪同敌人作战，导致了大量的人员伤亡。在这种外患渐重的局势下，俄国的内忧也渐渐扩大，最后爆发了举世震惊的"二月革命"。

1917年3月8日（俄历2月23日），彼得格勒50家工厂的13万工人发动了大规模的罢工游行运动。第二天，参加示威的群众增加到20万。在布尔什维克的领导下，彼得堡的各大工厂也举行了规模达30万人的总罢工。沙皇尼古拉二世企图镇压，结果招致了群众更大的愤怒，在工人的宣传和感召下，几万名士兵也参加了革命，同工人一起占领了沙皇冬宫和政府各部并逮捕了军政要员。

1917年3月16日，统治俄国304年的罗曼诺夫王朝灭亡，俄国资产阶级民主革命获得了胜利。

身处革命的中心地带，崔可夫亲身感觉到了时代变革和社会动荡的强烈节奏。每天他都能接触到各种各样的宣传小册子，各种政治理念也大量地涌入他的头脑中，猛烈地冲击着他旧有的观念和意识。从这一刻起，崔可夫开始阅读这些带给他无尽思考的“精神炸弹”，同时也幻想着早日实现小册子中所描述的那种“理想国”，去追求一个没有压迫和剥削的平等社会。

然而让崔可夫失望的是，在二月革命结束后，俄国并没有真正进入到一个平等、健全的社会，而是存在着两个代表着不同阶级利益的政权：一个是资产阶级临时政府，一个是工农兵代表苏维埃。由于资产阶级临时政府并没有掌握实际的权力，因此他们愈发仇视苏维埃政权，并且没有顺从民意从一战中全身而退，而是继续冒险作战，让俄国的广大百姓苦不堪言。

1917年7月4日的一个中午，彼得堡的工人和士兵走上街头举行示威活动，声讨临时政府的倒行逆施。崔可夫和他的工友们也激情昂扬地加入进去，高举着要求资产阶级的部长们满足人民的要求和停止战争的标语。随着游行的队伍来到了喀山大教堂的附近。就在这时，一阵邪恶的枪声骤然响起，崔可夫和工友们慌忙推开人群，跑回了工厂。可是没过几分钟，锻工安德烈·霍列夫就抱着万尼亚·济明的尸体走了进来。

万尼亚·济明是一个进步青年，性格开朗，精力充沛，信息广泛，有着非同寻常的政治头脑，既是崔可夫的思想导师也是他的生活挚友，很多激进的小册子就是他推荐给崔可夫看的。

然而此时此刻，这个对共产主义社会抱着坚定信念的年轻人，如同睡着了一样倒在了锻工霍列夫的怀中。当大家把万尼亚的尸体放在工作案台上之后，他的双眼依然紧闭，双拳也死死地攥着，苍白的嘴角翘起，好像还想大声呼喊着什么。可惜，他再也不能发出声音了，他被凶残的临时政府夺取了年仅17岁的生命。万尼亚的死，对崔可夫的打击实在太大了，然而也正是因为他的怆然离世，让崔可夫更加坚定了推翻临时政府的决心。

由于社会的动荡不安，彼得·萨韦利耶工厂在1917年9月关门倒闭。这样一来，崔可夫就不得不面对重新选择职业的现实。由于一时找不到工作，他便经常到三个哥哥服役的波罗的海舰队去。在兄长们的帮助下，崔可夫在喀琅施塔得当上了一名水兵并被编入到水雷教导队。从此，崔可夫成为一名俄国士兵，走向了新的人生旅程。

## 3. 进入教官训练班

20世纪初，波罗的海舰队是俄国重要的军事力量，也是俄国革命爆发的圣地之一。在这里有着最先进的革命思想氛围，因此波罗的海的水兵和其他地方的士兵相比，拥有着较高的革命觉悟和政治素养，也由此造就出了一大批革命家。

崔可夫通过哥哥们的引荐结识了很多思想进步的士兵，也懂得了更多的革命道理。他不仅贪婪地阅读了著名的《共产党宣言》，也熟知了伟大革命导师列宁的传奇经历。渐渐地，崔可夫的革命意识被激发起来，他越来越清楚地看到，要想改变自己和整个国家的命运，就必须要联合广大的无产阶级一起，将旧制度、旧社会彻底推翻，才能建立一个比资本主义更高级、更进步、更文明的社会。

1917年11月7日（俄历10月25日），彼得堡的工人和士兵向冬宫发起了攻击，在经过一番较量之后终于攻入了冬宫，逮捕了临时政府的成员。至此，资产阶级临时政府被彻底推翻，中央和地方的全部政权转归苏维埃。

虽然十月革命取得了胜利，但是全国的局势并没有完全掌控在布尔什维克的手中，因此急需将革命的力量向更广大的地区输入，以巩固革命的成果。于是，喀琅施塔得的很多水兵便被派遣到了其他地方去维护当地的政治秩序。

崔可夫和哥哥伊利亚被派到了萨拉托夫，任务是负责警戒莫斯科到萨拉托夫铁路上的列车，目的是为了保证能够有充足的粮食被送到俄国的中部地带。这一年的1月和2月，崔可夫完全是在粮食专列的取暖货车上度过的。日子虽然艰苦，但是他没有丝毫的抱怨，因为他知道自己在保卫着十月革命的胜利成果。

由于资产阶级临时政府被推翻，新政权刚刚建立，所以当时的俄国社会陷入到了空前混乱的状态中。仇视新政权的反动势力伺机待发，抓住一切机会向苏维埃进行猛烈的反扑。在崔可夫的家乡，富农、官吏为了发泄心中的怨气，竟然将他们家的粮食和房屋全部烧光。后来，在崔可夫和他的哥哥们的共同努力之下，终于让家里渡过了难关。

就在这个动荡的时刻，崔可夫获得了人生中第一次扭转命运的机会。

当时的苏俄政权，由于签订了同德国的停战协议，又建立了人类史上第一个社会主义政权，因此招致了欧洲其他帝国主义的极端仇视，他们不仅派出军队进行绞杀，还唆使苏俄国内的反动势力组成了白匪军，加大了外来武装干涉的破坏力。

为了应对这种不利局势，布尔什维克急需大批受过一定革命思想熏陶的战士来维护新政权，因此在莫斯科成立了军事训练班，招收有一定政治信仰的工人加入。很快，这个信息被崔可夫的哥哥伊里亚得知之后，便立即告知了弟弟。已经经受革命浪潮洗礼的崔可夫，意识到这是一个提升自己的有利机会，于是立即报名申请，被选为红军军事教官训练班的第一期学员。

崔可夫和自己的同伴阿列克谢·古巴廖夫以及瓦西里·雷金，带着报到需要的证明信赶赴到了训练班的所在地——列福尔托沃的一座建筑物里，它的前身是阿列克谢耶夫斯基军事学校。当崔可夫等人进入前厅时，政委接见了他们，开口便问道："你们是来服役的，还是来学习的？"

崔可夫抢先回答："既学习，也服役！"政委在看了他们的证明信后又问："除了苏维埃的证明信，你们还能用什么来证明，你们是真心实意来干革命的？"崔可夫干脆利落地回答说："用行动，我没有其他证明，但如果您给帕韦列茨车站的契卡支队的首长去个电话，您就会了解到，他的支队里有个水兵伊里亚·崔可夫是我的亲兄弟。"

于是，这些朝气蓬勃的年轻人被正式录取为训练班的学员，崔可夫被分配到步兵第二班。

崔可夫虽然在喀琅施塔得当过水兵，但是和莫斯科军事教官训练班所受的训练却有很大的不同，因为这是培养效忠和捍卫新政权的新兵基地，在这里每时每刻都能感受到革命的气息。

每天，崔可夫都要过着起床、集合、早操、洗漱、点名、集合、上课、射击的训练生活。为了能够将他们造就成优秀、合格的战士，崔可夫和他的战友们经受着正规而严酷的训练，从开枪射击到白刃肉搏再到马术操演……凡是战场需要的本领崔可夫都必须认真地学习。因为他很清楚，只有充分地掌握了这些技能，才能在真刀真枪面对敌人的时候保存性命并取得胜利。

到了1918年，由于国内的局势变得更加紧张，所以崔可夫他们这一批学员在每次训练的时候，都要荷枪实弹，组成雄赳赳的队伍沿着环路进行巡逻，偶尔还要平定小规模的暴乱。崔可夫的朋友瓦西里·雷金在一次执行侦察任务时与哥萨克骑兵遭遇，结果不幸牺牲。崔可夫由此暗暗发誓：一定要彻底消灭白匪军，还新生的苏俄政权一个太平盛世。

1918年7月6日拂晓，当军事训练班的学员们还在睡梦时，在微亮的天空中突然发出了刺耳的警报声响，划破了黎明的寂静。闻声而动的学员们马上从床上跳了起来，然后抓起步枪风驰电掣般地跑到了集结地点。随后，早已站在那里的政委向大家宣告了左派社会党人发动反革命暴乱的消息并转达了列宁要求莫斯科军事教官训练班迅速占领暴乱分子在三仙巷司令部的指示。

兵贵神速，学员们在了解了情况之后，迅速行动起来，向着莫斯科以急行军的速度进发，力求以最低的伤亡代价和最快的出师速度平息这次突如其来的暴乱。

当这支勇敢的队伍接近三仙巷的时候，猖狂的暴乱分子们首先开了火，致使一名学员不幸中弹身亡。随后，三仙巷一阵枪声大作，并伴着呼啸震耳的火炮声。第一次参加实战的崔可夫，身处子弹横飞、鲜血淋漓的战场，心中难免有些紧张，然而严酷的战况逼迫他必须尽快地适应这种环境。于是，崔可夫紧紧地跟随着队伍对敌人进行了勇猛的反击。由于学员们的奋不顾身，终于顺利地占领了暴乱分子的司令部，成功地平叛了这次暴乱。

然而反革命分子是不会轻易放弃他们龌龊的勾当，8月30日，臭名昭著的卡普兰开枪打伤了列宁，顿时让革命的形势再度紧张起来。为此，军事教官训练班的学员们再次接到了平叛暴乱的命令，以迅雷不及掩耳之势占领了暴乱分子的一个秘密指挥所。

在这次行动当中，崔可夫击毙了一名妄图逃跑的敌人，为他的戎马生涯插上了第一根值得纪念的标杆。由此，他和他的战友们经过这些血与火的锤炼，变得更加坚强和成熟了，而他们面对的考验也越来越严酷和凶险。

## 4. 初出茅庐的指挥官

面对苏俄政权的顽强抵抗，帝国主义不仅没有收敛，反而越发猖狂起来。1918年的寒冬，协约国的帝国主义势力在俄国东西南北的四个方向开始了全面的围剿。苏维埃政府在认真分析了严酷的局势之后，做出了将东部战线作为重点的正确判断。很快，英勇的布尔什维克就在前线获得了多次大捷，终于将穷凶极恶的敌人赶到了乌拉尔以东。

尽管东部战场取得了辉煌的胜利，但是南部战场却陷入了空前的危机之中。恶名在外的反革命头子邓尼金，在英国的支持下联合哥萨克白匪军集中兵力对顿河、伏尔加河下游以及北高加索地区发动了凶悍的进攻，不仅同红军作战还屠杀手无寸铁的老百姓。鉴于这种情况，苏维埃政府再次动用军事教官训练班的学员，将他们派到这块战场上。

崔可夫得知这个消息，既有些兴奋也不免有点儿紧张，兴奋的是他可以在南部残酷的战场上得到锻炼并发挥自己的本领，紧张的是他也深知前线随时都可能要了他的命。不过，此时的崔可夫也算是一个经过战火锻炼的老兵了，他坚信自己一定能够完成上级交给他的任务。恰在这时，上天又给了崔可夫一个千载难逢的机会——当训练班的学员到达前线阵地之后，他被安排到了西韦尔斯旅任命为连长。

崔可夫的这个连队是奉命守卫新罗德尼乔克村庄的，手下是一群久经沙场的老红军战士。因此，当崔可夫以学生官的身份来到连队之后，便立即感觉到了战士们对他的不信任。由于他资历尚浅，连队里的有些人甚至当面挖苦这位新连长，显示出了一种极端的不屑。

然而，崔可夫没有动怒，因为他很清楚，一名军官的威信不是靠演讲和训斥来建立的，而是用行动来证明的。所以，崔可夫开始不断地为自己树立威信：他放下架子，亲切地走到战士中间去，以朋友的身份去了解每一个人，努力记住他们的喜好、性格以及生活经历，试图先从感情上培养出一种默契和信任。

除此之外，崔可夫还仔细地观察连队驻防这一带的地形，对前线的形势做出了比较客观的分析。经过多次的实地考察和认真思虑之后，崔可夫认为西韦尔斯战线过于分散，缺少布防的要点，因此如果当敌人进行突袭之时，会很容易找到防御的漏洞，这样一来，红军就会遭受到猝不及防的打击，反抗起来会非常吃力。

为了解决这个问题，崔可夫带着几名战士每天都进行巡逻和检查，目的就是为了全面掌握连队的部署情况。哪怕是一条非常隐秘、不易被人发觉的羊肠小道，崔可夫也要详细地记录下来，作为谋划连队防线体系的参考资料。

就在崔可夫积极修补防御软肋的时候，一个考验他的机会终于来临了。

一天早晨，崔可夫像往常那样带着战士们去村庄里巡防，忽然发现在前方的铁路边上，有150多名白匪军正悄悄地沿着路基向着连部的方向摸去。崔可夫立即意识到这股白匪军打算进行偷袭，如果不能及时制止的话，将会给连队带来惨重的损失，因此必须当机立断想出对策粉碎敌人的计划。

崔可夫在思虑片刻之后，立即让战士火速赶回到连队，将白匪军偷袭的情况报告给大家，而他自己则冒着危险来到铁路边上的哨所旁，将已经睡着的战士唤醒。随后，崔可夫指挥着哨所里仅有的22名战士，以灌木丛为依托和掩护，迅速来到了距离铁路路基20米远的一座小山丘上。由于小山丘视野开阔，可以看到左、右两边发生的任何事情，所以崔可夫便将白匪军的行踪尽收眼底，非常有利于他制定合理的战斗计划。

就在崔可夫做好了准备时，白匪军也开始向连队指挥部发起了猛烈的进攻，好在指挥部已经事先得到了警告，因此顽强地予以了回击。不过，白匪军此次毕竟是有备而来，并且个个彪悍凶残，所以绝不会轻易撤退，而是千方百计地寻找薄弱点进行突破。不一会儿，两辆架着机枪的双套马车沿着铁路朝着村庄疾驰而去，在它们登上高地之后，便在距离村庄不远的地方停了下来，然后操纵着重机枪“哒哒哒哒”地扫射起来，一下子占据了火力优势。

就在这千钧一发之际，崔可夫下令22名战士同时开火，将仇恨的子弹射向了毫无防备的白匪军。顿时，几十名凶恶的敌人在枪声中纷纷倒下，形势也就此发生了逆转：红军乘势发动反击，而白匪军则边打边撤，最后狼狈地逃窜开了。在这次战役当中，红军缴获了大小枪械100支、两挺马克沁重机枪以及两辆双套马车，另外还抓了38个俘虏。

由于崔可夫果断明智的战场决策，他被战士们一致推选为正式的连长，他的个人威信也因为这次战斗的胜利而奠定起来。与此同时，在崔可夫与其他驻防红军的浴血拼杀之下，南部的形势也渐渐由颓势转变成为有利，白匪军肆无忌惮的日子从此一去不复返。不久，崔可夫与其他学员一起被莫斯科召了回去，继续接受训练。

这一时期，红军教官训练班的课程发生了变化，除了向学员们传授军事技能之外，还开设了很多政治课程并邀请一些有名望的党内革命家前来讲课。崔可夫和他的战友们经过认真的学习之后，终于顺利从训练班毕业并拿到了红军军官的资格证书。紧接着，崔可夫被派到了伏尔加河沿岸的军区，负责喀山步兵第40团的组建工作。

从训练班毕业的崔可夫，将迎来人生又一个重要的转折点。他在这片陌生的战场上，将会有什么样的作为呢？

# 第二章　抗击白匪的年轻脊梁

# 1. 东部战场扬名立万

1919年的春天，本来是一个能够给俄国人民带来希望的美好开端，然而就在这个春天，以英、法、美、日等为首的帝国主义集团，不能坐视苏俄政权的日渐壮大，于是勾结白匪军，以130多万的兵力气势汹汹地扑向了这个尚在摇篮之中的社会主义国家，揭开了一场规模更大、来势更猛的反革命进攻。

在这一次帝国主义对苏维埃政权的进攻中，东部战场首当其冲，遭遇了著名的白匪头子高尔察克的袭击。很快，乌拉尔、西伯利亚和远东的大片领土都被这伙白匪军霸占并控制在手中。为此，红军统帅部于1919年3月，调动第40团移驻到维亚特省的波梁内地区，并将其划归到了北方战役集群第2集团军第28师。时年18岁的崔可夫，正好被分到这支队伍中。

第28师是一支让白匪军闻风丧胆的精锐部队，它之所以有如此威名得力于它的师长阿津——一位有着卓越军事才能的指挥官。阿津师长素以足智多谋、勇敢无畏驰骋于疆场之上，特别是他非常擅长运用变化多端的战术对抗敌军，从不拘泥于条条框框，敢于大胆地进行突破和颠覆。因此，崔可夫对这位师长倍加崇敬，甚至把他当作了自己的偶像，希望自己有朝一日成为像阿津那样的军事奇才。

这一年的3月对苏俄的东部战场来说，确实存在着很大的压力和危机。高尔察克的部队沿着北乌拉尔森林到南伏尔加河东岸的大草原，从2000公里的战线对红军发动了异常凶猛的进攻，占领了比尔斯克、布古尔玛等城市。很快，高尔察克就在红军东方面军的第2和第5集团军当中的防线内撕开了一个长达150公里的口子，于是白匪军的卡马第8师乘势插入，直逼卡马河畔的奇斯托波尔和切尔内。于是，存放在这两座城市中的粮食便危在旦夕。

情势危急，步兵第40团根据集团军司令的部署，立即派出2个营赶往奇斯托波尔救援，而派出另外2个营去切尔内，目的只有一个——保护粮食，以免落到敌人之手。

崔可夫在得到命令之后，马上赶到距离敌人最近的共产主义营，考察了一下附近的地形并得知了负责驻防的部队战斗力很强，政治素质也较高，而此时白匪军的主力在比尔斯克地区，短期内还无法到达此地。鉴于这种情况，崔可夫决定先发制人——进攻缅泽林斯克。可是让崔可夫没有想到的是，团长否定了他的这个大胆的计划，最后在团政委的支持下才勉强同意。可见，阿津师长果敢彪悍的作战风格已经对崔可夫起到了潜移默化的作用。

为了达到突袭的效果，崔可夫带领着队伍在夜间出发，马不停蹄地直奔缅泽林斯克，终于在天傍亮的时候发起了正面进攻，将毫无准备的白匪军打得落花流水，这伙豺狼出于本能放了几枪之后终于狼狈地逃窜——红军顺利地夺回了失地。

虽然红军赶走了白匪军，可是高尔察克却并没有放弃对这些粮食的占有欲，他为此派出了大量的兵力前去攻占这两座城市，给红军造成了极大的压力。尽管有阿津师长的运筹帷幄，然而战斗形势却对红军越来越不利——第7集团军的一个师长竟然在大敌当前之际投入到了高尔察克的怀抱中，变成了白匪军的忠实走狗。

更让人想不到的是，红军在这个生死攸关的时刻竟然接到了一份要求28师各团西撤的文件，因此只得撤回到了耶拉布加。可是刚刚到达那里，步兵第40团才得知这是高尔察克的特务机构炮制的一份伪造军令。

面对种种不利局势，阿津师长下令步兵第40团马上向东部进发，在邦久加饲养场和托马伊河一线建立防御体系。可就在这时，一部分仇视苏维埃的社会革命党人鼓动了第2营发动叛乱，以要求新衣服和新补给品为借口拒不执行调令。崔可夫得知这个情况之后立即骑着快马赶到了营地，希冀迅速镇压这次哗变。

然而当崔可夫在哗变地点看到那一张张怒目而视的脸孔时，心中爆发出来的烈火顿时被理性的冷水浇灭了。他明白，如果采用硬碰硬的办法，不仅不能平息叛乱恐怕连他自己的安全都无法保证。于是，崔可夫在快速地思索了一会儿之后，随即用非常和缓的语气问士兵，他们是想先打死他还是想先填饱肚子。

问完这句话以后，崔可夫又命令传令兵将饭菜送到空场上。此时，那些参与哗变的士兵忽然想到自己跟着几个煽风点火者胡闹了半天连肚子都没有填饱，于是便收敛了许多。崔可夫趁此机会，有说有笑地引着叛乱者们来到了空场上，就在这千钧一发之际，共产主义营火速赶了过来，将空场包围得水泄不通。面对着冰冷的枪口，闹事的士兵们一个个耷拉着脑袋认输了，他们没有想到自己会这么容易就上了崔可夫的当。

虽然崔可夫此次九死一生，但是他并没有乱杀无辜以泄心中之恨，而是经过认真的调查之后揪出了63个领头的怂恿者，将他们送交了军事法庭进行处理。至于那些盲从者，崔可夫都很大度地原谅了。后来，第2营为了洗刷这次叛乱的恶名，在不久之后夺取邦久加村的战斗中表现得十分英勇、出色，终于以实际行动赢得了上级的信任。

尽管崔可夫成功平息了哗变，但是仍然阻挡不了白匪军发动的猛烈进攻，步兵第40团很快就遭遇到了敌军的疯狂撕咬，以至于出现了军队溃退的情况。在这关键时刻，崔可夫将生死置之度外，身先士卒地带着战士们与白匪军厮杀，终于将敌人成功地击退了。可是在这场恶战结束之后，第40团的团长和政委都因生病而住进了野战医院，这样一来，指挥全团作战的使命就落在了崔可夫的肩头。

面对白匪军的凶猛攻势，崔可夫边打边退，在取得了几次小战斗的胜利后向着耶拉布加撤退，途中又歼灭了敌军的一个骑兵连。在突破了敌人层层的包围之下，崔可夫终于协助第28师第3旅安然无恙地渡过了卡马河与维亚克卡河。然而到了5月4日的时候，情势又变得十分不妙了。

当时，在维亚特卡河附近只有一艘驳船，往来一次需要几个钟头，因此河边堆满了大批的辎重以及焦急等待的人群。就在这时，白匪军抓住机会向岸边的红军发起了猛烈的进攻，妄图以优势兵力将其消灭掉。在这危机关头，崔可夫被任命为渡口指挥官，与敌人展开了殊死的较量。

白匪军为了一举击垮红军，接连发动气势凶猛的攻击，不给对方任何喘息的机会。然而随着驳船一次又一次的摆渡，岸边的红军数量也越来越少。面对如此险情，崔可夫连忙命令已经渡河过去的炮兵猛烈地轰击对岸的白匪军。顿时，一颗接着一颗的炮弹无情地落在敌人的周围，打得白匪军血肉横飞、东逃西窜。崔可夫凭借着灵活多变的指挥，终于将敌人成功击退，他的队伍也顺利地渡过了河。

虽然这次战斗看似只是一次小小的胜利，却极大地粉碎了高尔察克妄图进攻莫斯科的计划，对东部战场的整个局势也起到了比较重要的协助作用。就在这一天，崔可夫因其战功光荣地成了一名布尔什维克。自然，他肩负的责任也越来越重了。崔可夫暗暗发誓，一定要凭借自己的能力将东部战场的白匪军彻底肃清！

## 2. 鲜血染热土

虽然红军与白匪军进行了不屈不挠的战斗并小有斩获，但是东部战场的形势依然紧迫。在伟大导师列宁的号令之下，东方面军的兵力迅速增加到了14万余人，而且其整体的战略计划由被迫防御变成了积极进攻。为此，东方面军被划分成南北两大集群，分别向乌法和萨拉普尔、彼尔姆发动正面突击，势在彻底击退西伯利亚集团军。

经过了几次激烈的战斗之后，南方集群终于在1919年5月给敌西集团军以重创，解放了大片地区，迫使西伯利亚集团军调回了原本进攻北方集群的兵力。

当时，崔可夫所在第2集团军隶属于北方集群，他们接到了强渡维亚特卡河的命令。5月24日拂晓，崔可夫率领着两个营队登上了战舰，以迅雷不及掩耳之势冲向了河对岸，准备对白匪军攻其不备。

然而在红军战舰距离对岸还有100米左右的时候，竟然意外地搁浅了，它孤零零地暴露在敌人的枪口之下毫无反抗能力。崔可夫急中生智，命令随军乐队高声演奏《国际歌》以此来转移敌人的注意力。紧接着，崔可夫勇猛地跳进冰冷的河水当中，带着战士们向对岸冲去。可是没等他们接近白匪军，就遭到了对方顽强的回击。崔可夫见状，赶紧抽调出一部分兵力攻向敌人的右翼使其遭受到了“软肋之痛”，最后，白匪军狼狈地撤退了。

由于崔可夫率部奋勇作战，所以他和部下们为这次战斗创造了一个良好的开局。随后，红军的预备部队带着重武器也赶来进行支援，很快就把敌人逼到了一个高地上。不过，尽管红军越战越勇，但是崔可夫却发现自己无法在这瞬息万变的战况中掌握整个战场的局势。所以，在崔可夫刚刚到达新穆尔济哈村的北部时，才发现白匪军已经调整好阵脚，开始组织起有效的反击了！

鉴于这种情况，崔可夫决定采用侧面攻击的办法压制敌人的反抗，可是还未等传令兵把作战部署传达下去，第40团却已经在敌人凶悍的反击下呈现出溃逃的迹象！

望着硝烟滚滚的战场，崔可夫来不及多想而是飞身上马，一边擎着亮闪闪的战刀，一边冲进了敌群，大大鼓舞了红军的士气，也给敌人造成了突如其来的震慑！于是，红军战士跟随着他们的指挥官重拾了勇气和力量。

可就在这时，左翼的红军由于难以抵挡白匪军的压制，也开始了混乱的撤退，而敌人则派出了骑兵加以追杀！崔可夫目睹此景，策马扬鞭径直地冲到了两军的阵地中央，顿时给了红军战士继续反击的信心。于是，战士们用肉搏战与白匪军浴血拼杀，终于占领了高地。在这场持续了一天的战斗结束之后，白匪军被赶出了维亚特卡河，而第40团纵深推进了约20公里并控制了两侧的道路，确保了大部队行进的安全。

河岸一战是相当惨烈的，崔可夫的团队遭受了前所未有的损失，副团长和一位营长身负重伤，部队减员非常严重。无奈之下，崔可夫只好将5个营打乱重新编排成3个营。趁着部队休整的工夫，崔可夫对部队的驻防进行了认真的检查，及时填补着各个漏洞，因为他相信白匪军不会就此善罢甘休的。

事情果然不出崔可夫所料，第二天白匪军再次纠集被打散的队伍，企图趁着红军防线尚未巩固之际给予致命的一击。于是，负责穆尔济哈村防御的第43团成为敌人袭击的重点。可惜这支队伍在昨天的战斗中遭受了沉重的打击，所以根本无力承受敌军的优势进攻，很快就陷入到了无指挥的状态之中。值得欣慰的是，失去了指挥的红军战士们仍然拼死抵抗，即使子弹打光了也用刺刀和枪托同敌人进行了残酷的近身肉搏战，鲜血洒满了大地。

崔可夫得知穆尔济哈村的战况后，立即一马当先地冲过去并命令第43团的炮兵连向敌人开火，终于狠狠地压制住了白匪军进攻的势头。接下来，崔可夫又调动在村子里担任侦察任务的骑兵侦察队突然向敌人发动袭击，迫使其慌乱地后撤，终于扭转了颓势。

危机缓解之后，崔可夫马上指挥部队朝着耶拉布加发动了进攻，目标直指通往北方的道路。然而，由于缺乏通信器材，红军的行动未能被上级部队得知还遭到了友军的误攻。好在崔可夫及时派出传令兵挂出了红旗，这才停止了一场无谓的自相残杀。由于这次误会，第40团的行军速度被迫减慢，狡猾的白匪军在发现红军队形被打乱之后，便趁机发起了一次反冲击。

由于这次反冲击来势迅猛，让红军再次处于不利的形势当中。眼看着敌军距离指挥所只有300米的距离了，崔可夫不假思索地跨上心爱的棕黄色战马，挥舞着寒光闪闪的战刀勇猛地杀入敌阵，顿时砍瓜切菜一般削掉了不少白匪军的人头。紧随着崔可夫的骑兵战士们也怒目圆睁，将生死抛到脑后，在高声的喊杀中力克敌军。

可就在这时，崔可夫的左手不知被什么东西狠狠地打了一下，紧接着他便连人带马摔倒在地。崔可夫身边的传令兵见状，急忙跳下马将他搀了起来。然而脱险之后的崔可夫顾不上身体的疼痛，换上传令兵的马再次扑向了白匪军，带领着红军战士将敌人成功地击退，夺回了阿尔马拉村。

这大概是崔可夫在战场上受的第一次伤，遭遇落马之痛得他不仅头昏眼花，而且全身没有力气，特别是左手指尖像被电过一般刺痛。在卫生员为他简单地进行了包扎之后，便将崔可夫送到了马得什进行治疗。

正是因为崔可夫在战场上出色的指挥和过人的胆识，终于得到了阿津师长的赞许和嘉奖，而崔可夫所率领的第40团也由此成了28师中能征惯战的部队之一。

受伤之后的崔可夫，还能重新回到战场上吗？他还会在日后的战斗中奋勇杀敌吗？

## 3. 一马当先驱敌寇

对于一个习惯了战场生活的人来说，静心养病绝非一件愉快的事情。虽然有和蔼可亲的医生、美丽温柔的护士和香喷喷的病号饭，但是这些并没有让崔可夫感到愉快，他的脑子里全是“战斗”、“取胜”、“消灭白匪”这些念头。崔可夫仅仅在马得什住了不到3天，就实在待不下去了。趁着医生和护士不注意，他悄悄地渡过维亚特卡河，回到了耶拉布加。

当阿津师长看到崔可夫带着伤归队时，心中自然是又爱又恨，不过同样身为一个军人的他能够理解爱将的心情，所以在象征性地询问了崔可夫的伤势之后便让他回团部去了。

此时的步兵第40团，已经接到了新的作战任务——夺取萨拉普尔。很快，崔可夫就召开了讨论会，将敌我之间的情况和自己对战事的分析向大家描述了一下。

在6月2日的早晨，天色还十分朦胧之际，崔可夫派出的第3营在逼近尤里诺村的时候遭遇了高尔察克的精锐部队之一——素有“敢死队”之称的卡佩利阿团。在得知这一情报之后，崔可夫马上做出了新的部署：前卫营正面迎敌，派出第1营向尤里诺村的东部包抄，将炮兵连安放在尤里诺村的西部，借助其开阔的地势严密监视着敌人。

卡佩利阿团的确是一支凶猛彪悍的队伍，在他们发现了红军的行踪之后，随即全线出击，目标直指第40团的炮兵连。然而崔可夫却临危不乱，在敌人冲锋到了只有300米的时候才下令开炮，顿时，白匪军成了活生生的肉靶子，被呼啸而来的霰弹打得血肉模糊、支离破碎。战场上，到处都是从敌人肢体中飞散出来的组织器官，而幸存者也遭到了闻讯赶来的红军战士的围剿。这时，第3营的战士趁势发动了猛攻，一举拿下了乌斯季萨拉尔卡。

由于白匪军遭遇了一连串的打击，致使高尔察克的兵力严重受损，于是他们只好改变原来的反攻计划，决定固守在乌拉尔地区等待协约国的支援以利再战。然而，此时的列宁也洞悉了战争局势的走向，于是警告东部战线革命军事委员会必须要尽快夺取乌拉尔，否则形势会越来越糟。

在领袖的号召之下，第40团被东部战线的司令部改番号为第43团，从此不再隶属于第28师，而是划归到步兵第5师。对于上级的这个安排，崔可夫当然有些不满，因为这意味着他将和自己崇拜的阿津师长分开了，所以无论从感情上还是从个人前途上都是一种损失——因为只有在阿津师长那里，崔可夫才能学到更多的军事知识。然而，军令不可违，崔可夫在临行前的那一天，万分失落地挥别了阿津师长。

当崔可夫来到步兵第5师之后，却面临着一个让他十分困扰的问题，那就是这支部队并没有得到上级的明确指示，整天驻扎在防区内毫无作为。更让人堪忧的是，第43团缺医少药，补给严重不足，根本无法适应严酷的斗争环境。因此，崔可夫不得不为自己的队伍寻找到必要的物资补充，否则，他拿什么同白匪军较量？

在这种情况之下，崔可夫决定去找师首长商量有关给养的事情。然而当时正是盛夏季节，崔可夫要顶着炎炎烈日外出，结果他因为水土不服双脚和双手都生满了湿疹。走在半路上，崔可夫又意识到如果这样去见师长的话恐怕要挨一顿骂，于是他先去找了师政委加比舍夫，向他汇报了有关第43团缺乏给养的情况，希望师部能够着手解决。

加比舍夫听了崔可夫的陈情之后，便带着他去见师长卡尔波夫。然而当师长看到因天气炎热而散着裤腿、穿着凉鞋的崔可夫之后，不禁对这个形容邋遢的指挥官充满了嫌恶，于是竟然告诉他第43团已经划归到达亚纳多尔车站的斯特罗加诺夫的第3旅，所以有关给养的问题要根据形势的变化才能解决。

求助无望的崔可夫只好怏怏不快地回到了团部，瞪着眼睛坐等上级的战略部署。就在这时，高尔察克白匪军把兵力聚集在了乌拉尔地区，准备调动西集团军和西伯利亚集团军在乌法河与卡马河一线加强防守，以此来对抗红军的进攻。面对敌人的战略调整，东方面军决定调派第5集团军挺进车里雅宾斯克和兹拉托乌斯特，而让第2集团军和第3集团军与伏尔加河区的舰队协同作战。于是，红军开始大规模地向乌拉尔地区开进。

此时的高尔察克匪军，不仅绞尽脑汁地要消灭红军，还对手无寸铁的老百姓强行征兵，如遇到违抗不从者便施以惨无人道的屠杀。为此，崔可夫同白匪军进行了一番较量，在乌拉尔地区人民的协助之下给敌人以沉重的打击。最终，红军的推进速度达到了每天40公里，到了7月6日的时候，第43团已经收回了重镇曼恰日。

然而正是由于这种胜利似乎来得太快，让广大的红军指战员竟然产生了轻敌、松懈的情绪，就连一向果敢沉稳的崔可夫也大大错估了形势。因此，当第43团在夺取曼恰日之后，在缺乏友军配合的情况下继续贸然挺进，结果在7月9日进攻波塔什夫和别列佐夫卡的战斗中，遭遇了白匪军猛烈的抵抗。战斗没多久，崔可夫就把宝贵的预备队投入了战场，尽管红军战士英勇拼杀，却始终未能掌控战场的主导权，反而遭受了不小的损失。

幸好崔可夫的头脑随着战斗形势的恶化逐渐恢复了冷静，很快，他调动了两门火炮转移到了侧翼用霰弹对敌人进行轰击，但是由于敌我双方距离太近而被对方发现，于是白匪军拼命地向红军的炮兵阵地冲杀过来。崔可夫临危不乱，沉着地指挥战士们奋勇阻击，终于让两门火炮成功地进行了转移。顿时，白匪军的侧翼遭受到了致命的打击，在敌人的阵型被打乱之际，第43团乘势占领了别列佐夫卡。

虽然红军夺回了别列佐夫卡，但是对于崔可夫来说，这一仗背后隐藏的东西还是引起了他的注意。因为崔可夫的确没有想到，敌人的防御会组织得如此坚固和强悍，这不得不让他思考一个问题：白匪军究竟做出了什么样的战略部署？为此，他连夜和团政委杰尼索夫商议对策，经过了几个小时的谋划之后，他们决定由秋利加什取道舍马哈，再越过乌法列伊斯基山和塔尔德列斯基山，随后进入亚细亚。

显然，崔可夫的这个计划是想让第43团成为攻入乌拉尔地区的先头部队，以此来争得荣誉。7月10日中午，崔可夫带着队伍在同白匪军打了几次遭遇战之后，终于成功地通过了秋利加什镇，然后便在喀山—叶卡捷琳堡铁路线以及乌法—车里雅宾斯克铁路线之间发动了进攻。经过了6昼夜的拼死血战之后，第43团终于越过了乌拉尔山，成为红军队伍中一马当先的佼佼者。

## 4. 善于演戏的红军团长

7月19日，第43团在得知有白匪军在卡拉博尔卡方向运动时，便欲擒故纵地将其放入了附近的阿拉基村里。随后，崔可夫命令两门大炮对准了村子西部的所有出口，而让主力部队向鞑靼卡拉博尔卡村挺进，以此达到攻击白匪军侧翼与后方的目的。

作战计划安排完之后，崔可夫马上率领着骑兵侦察队从一片小树林中穿过，在避开了敌军的一个团之后得到了报告：敌人的一切动向均在崔可夫的意料之中。于是，第43团向敌人发动了突然袭击，敌人在三面受敌的情况下很快束手就擒。

第43团通过这一仗全歼了敌军第12师第47团，俘虏敌人1000余人，缴获步枪千余枝、机枪12挺。不过，崔可夫吸取了上一次骄傲轻敌的教训，没有陶醉于战果而是继续乘胜追击，不久便解放了俄罗斯卡拉博尔卡村和鞑靼卡拉博尔卡村。

可是，就在第43团进攻乌鲁库利村时，遭到了白匪军第47团的猛攻。为此，崔可夫派出骑兵对敌人的侧翼发动了进攻，这才让部队暂时撤出了乌鲁库利村。但是，白匪军并没有放弃捷连—库利湖，导致第43团的多次进攻都以无效而告终。

面对这种胶着状态，崔可夫在和杰尼索夫商量之后，采取了对白匪军进行合围的战术，让团政委带着第2营迂回到敌人的后方，而崔可夫自己则带领着1营和3营从正面发动进攻。经过一番苦战之后，红军终于将敌军逼退到了位于捷连—库利湖一带的狭长地域。至此，白匪军的第47团不复存在。

在歼灭47团之后，崔可夫率部顺利渡过捷恰河，为占领古马诺夫做好了准备。然而就在这时，第43团的其他先遣队伍却遭受到了敌人的顽抗，副团长谢尔盖耶夫牺牲。不仅如此，崔可夫坐镇的观察所也因为白匪军猛烈的炮火而进行了数次转移。在敌人优势兵力的压制之下，第43团被逐渐挤压到了河边狭窄的一块地区，难以动弹。于是，崔可夫面临着一个亟待解决的问题——要么消极防守等待援军，要么冒险突围创造生路。

在仔细权衡了利弊之后，崔可夫马上下令部队从穆斯柳莫沃夫向北撤退，然后在位于乌列克特湖与图古尼亚克湖之间的一块区域将两翼保护住，紧接着就进入了一块地形十分有利的区域。7月26日，对第43团的动向毫无知觉的白匪军这才向红军占据的新阵地发动了进攻。

和往常一样，沉着大胆的崔可夫没有急于对白匪军进行还击，而是等到敌人冲到位于前沿阵地200米的地方时才下令部队开火，顿时便将气焰嚣张的白匪军打得晕头转向，没支撑多久便狼狈不堪地逃走了。随后，不肯善罢甘休的白匪军再次调动部队朝着第43团的侧面进行包抄，多亏崔可夫及时地调动两个机枪组前去阻击才化险为夷。

战斗进行到7月27日的时候，白匪军渐渐有些吃不消了，虽然他们在数量上占据优势，但是却无法包围机动灵活的红军，因此他们越是发动冲锋实力就越是受到损耗。然而，第43团也付出了不小的代价——政委杰尼索夫负伤危在旦夕，崔可夫的左膝盖也中了霰弹。

如此惨烈的厮杀，是崔可夫之前没有预料到的，然而他更没有想到的是，第43团抵挡的正是高尔察克的主攻方向，因此他们用鲜血和生命牵制住了白匪军的推进速度，也在客观上协助了其他兄弟部队。

就在这万分危急的时刻，旅长斯特罗加诺夫和政委戈里亚奇金亲自来到了阵地视察战况，在肯定了第43团的战场贡献之后随即调来了一个营归属崔可夫指挥。有了援军之后，崔可夫的信心大大增强了。7月30日拂晓，崔可夫命令部队急行军赶到了穆斯柳莫沃夫村，将毫无防备的敌人赶了出去并抓获俘虏400人外加缴获6挺机关枪。由于第43团的出色表现，全俄中央执行委员会决定授予他们荣誉革命红旗。

随着战况的变化，上级决定将东方面军拆分成东方面军和土耳其斯坦方面军，第43团仍然隶属于东方面军的编制。然而这支连续作战的大部队，在接连的战斗中已经元气大伤，缺少弹药和粮食，减员也比较严重。在这种不利的状况之下，第43团仍然克服重重困难翻过乌拉尔山。

在过河之后，第43团由于未能找到有利的进攻地点，因此其推进的速度被延缓了。为此，崔可夫带着侦察兵冒险出去察看地形，却不想遭到了白匪军的伏击，导致两名侦察员牺牲，崔可夫的坐骑也被打死，幸好他本人躲过了这场劫难。这一次的侦察经历，让崔可夫意识到，在如此复杂的地形中，想要突破敌人的防守是非常困难的。

没过多久，红军的第13旅与敌人展开了战斗，然而由于他们缺乏必要的战斗准备，损失相当惨重。不过，友军的失败给崔可夫提供了重要的借鉴，他觉得在这样不利于红军展开机动作战的地形中，采用传统的战术去打击敌人绝非上策。因此，崔可夫马上向旅首长斯特罗加诺夫提出了颠覆老套进攻模式而采用智取策略的建议。

面对崔可夫滔滔不绝的论证，师长卡尔波夫认为这个年龄还不到20岁的毛头小伙子有些妄自尊大，然而师政委加比舍夫却赞同崔可夫的计划，最终师部终于接受了崔可夫的建议。在崔可夫临行前，师长把一块刻有自己名字的金表赠送给了他，以示对其寄予了厚望。

白匪军在给予红军重创之后，自认为胜券在握，然而他们并没有想到，东方面军随即调整了战术——突然停止了进攻，让高尔察克匪帮误认为红军已经弹尽粮绝，没有了进攻的锐气。紧接着，第43团竟然放弃了已经占领的阵地，火速行军到了库尔干的南部。

崔可夫在给敌人布下这一系列迷魂阵之后，又进行了一次大胆的表演——化装成一名白匪军的少尉军官，带着一个传令兵来到了白匪军的地盘。为了演得逼真，崔可夫装着醉醺醺的样子责骂传令兵没有把马刷干净，而传令兵也做出一副卑躬屈膝的样子伺候着这位“少尉”。在如此大胆的行动之下，崔可夫摸清了白匪军4公里之内的火力配备情况。

有了崔可夫搜集到的情报，第43团在夜幕的掩护之下闪电般地渡过托博尔河，然后迅速地冲到了白匪军的阵地之中，在第二天就打穿了敌人的纵深防御。与此同时，友军在第43团的带动之下占领了河岸附近的全部阵地，将敌人彻底赶走。托博尔河一战，让崔可夫一战成名，他的勇敢和胆略都给人留下了深刻的印象，连一向对他评价很差的师长卡尔波夫也对其刮目相看，甚至为第43团向政府请功。

在托博尔河之战过后，第43团乘势追击，给白匪军接二连三的打击，很快就推进到了洛帕特基附近。由于时值寒冬，战场已经被一层厚厚的白雪所覆盖，崔可夫见状立即组建了一支雪橇队，负责刺探敌情以及消灭小股敌军。

就这样，第43团采用灵活作战的方式与敌人开始了“捉迷藏”，大大消耗了敌人的精力也磨平了他们的士气。到了11月14日，第43团成功地打到了布格罗沃耶村一带，崔可夫大胆地混进敌军的殿后部队里发动了奇袭，在友军的配合下歼灭了大批白匪军。至此，东部战场的形势越来越有利于红军。

# 第三章　被战车承载着命运的方向

# 1. 痛击波兰匪军

就在红军对高尔察克白匪军予以穷追猛打之际，另一个同样仇视苏维埃政权的角色乘机登场了，它就是苏俄的邻国——波兰。

波兰与苏俄之间的世仇可以追溯到几个世纪之前。从17世纪开始，俄罗斯就对波兰进行了四次的瓜分，让这个多灾多难的国家长期遭受被外强奴役的境遇。在第一次世界大战结束之后，波兰终于抓住这一有利时机重新取得了独立并建立了资产阶级共和国。在十月革命后，苏俄从国际局势出发，向这个曾经结下宿怨的邻国伸出了橄榄枝，力图谋求一种和睦的邻里关系。

然而，独立后的波兰却势不饶人，乘着德国军队败退的机会迅速抢到了波兰与白俄罗斯接壤的地带，一下子就威胁到了苏俄领土的安全，由此引发了苏波战争。协约国发现这个情况之后喜出望外，立即怂恿波兰向苏俄发动大规模的进攻，由此掀起了第三次武装干涉苏俄内政的战争。怎料祸不单行，此时苏俄境内的白匪军也与波兰军队沆瀣一气，再加上仇视革命的富农从中推波助澜，使得局势刚刚好转的苏维埃政权又一次面临着生死攸关的考验。

1920年4月29日，全俄中央执行委员会以及俄罗斯联邦政府发布了《告俄国全体工人、农民和诚实公民书》的文告，呼吁波兰政府正确认清局势，不要为虎作伥。在施展政治手段的同时，苏维埃政权也马不停蹄地动用军事手段——在西线战场调动军队，时刻准备着向华沙发动反攻。1920年5月，崔可夫隶属的步兵第5师在图哈切夫斯基元帅的指挥下，准备向白匪军发动进攻。

第43团此次的任务是在戈罗杰茨一地集结调动，目标是占领列佩利。这一次的主攻方向，面对的是做好了充分防御准备的敌军诺沃格鲁麾下的步兵团。经过侦察兵的汇报，崔可夫得知敌人在防御地带布置了大量的铁丝网作为障碍物，这对于火炮数量稀少的第43团来说的确是一个颇费脑筋的问题。

崔可夫一边吸着烟一边打量着地图，经过一番冥思苦想之后，他决定采用爆破当量为2.25公斤重的诺维茨基型手榴弹外挂一个铅锤作为克敌武器。由于全团只有崔可夫一个人会使用这种手榴弹，所以他由团长变成了教官，开始不厌其烦地向士兵们进行传授。原来，这种手榴弹的巧妙之处在于，它可以借用绑着铅锤的绳子在扔出去的瞬间挂在铁丝网上，从而增强其破坏铁丝网的爆炸力。

经过短暂而有效的训练之后，第43团的战士们已经熟练掌握了诺维茨基型手榴弹的用法，于是他们在5月14日拂晓发动了突袭。但意外的事情发生了：负责火力掩护的炮兵始终没有到达阵地，这就意味着步兵的进攻完全暴露在白匪军的枪口之下。

崔可夫面对这个突发情况，在权衡利弊之后果断地命令部队出击，同时让唯一赶到的马特维耶夫炮兵连朝着敌人的第二道防线开始了覆盖面小但集中度高的猛烈炮轰，顿时让敌军阵脚大乱，抱头鼠窜。红军战士趁此良机扔出诺维茨基型手榴弹，准确地将一道道铁丝网炸得粉身碎骨。由于敌军的不少士兵尚在美梦之中，因此还没来得及反抗便命丧黄泉。

在突破了第一道防线之后，第43团顾不上休整队伍，而是一鼓作气向列佩利火速奔袭，并势如破竹地击溃了出城防御的两个敌军连。然而崔可夫由于杀敌心切，竟然骑着战马冲到了战斗的最前线——他的身边只有3个人！

就在这时，大约有一个连的敌军朝着崔可夫这边逃过来，面对如此危险的情况，他毫无惧色，反而高声喝令敌军缴械投降。起初，这伙白匪以为遭遇到了红军的大部队因而顺从地放下了武器，可是在他们发现对方只有4个人之后又捡起枪向崔可夫开了火。伴着枪声，政委卡塔列夫、连长科兹洛夫以及通信员相继中弹落马，已成孤胆英雄的崔可夫镇定自若，手持双枪连续射击，很快就放倒了两名敌军官，但是更多的白匪也向他恶狠狠地逼近。

就在这千钧一发之际，一队犹如天降的红军骑兵不知从哪儿冲杀过来，用马刀和马枪从敌人身后掩杀，这才让崔可夫化险为夷。不久，历尽搏杀的第43团占领了列佩利。随后，红军战士朝着别列津诺和佩什诺发动了进攻，可是却因为白匪军重兵布防而导致初战失利。待到第三天炮兵赶来之后，崔可夫这才在强大的火力支援下带着战士们奋勇冲杀过去，然而这一次的进攻仍然未能奏效。

这是第43团头一次遇到如此强悍的敌人，崔可夫也由此发现这是波兰白匪军，他们要比高尔察克白匪军实力强很多，不仅有着精良的装备，而且战术多样，所以如果仅凭勇猛拼杀等于白白寻死。为此，崔可夫派出了侦察小分队，经过认真的勘察之后发现了一条通往河岸的林荫小路，于是崔可夫便将它定为下一次进攻的路线。

5月18日，崔可夫派出一支营队悄然渡过了别列津纳河，出其不意地抢夺了河西高地，第44团则紧随其后负责支援。与此同时，崔可夫将一营留在原地麻痹和吸引敌军，而将剩下的部队带过了别列津纳河，神不知鬼不觉地绕到了敌人的后方。

5月19日本来是红军发动进攻的时刻，然而由于当地雾气浓重，不熟悉地形的红军无法贸然出击，于是便默不作声地原地待命。到了下午大雾散去之后，潜伏在敌军后方的多梅罗夫斯基营突然发动了进攻，不费吹灰之力就占领了敌军的炮兵侦察所。由于红军的攻其不备，致使白匪军仓皇地撤离了桥头堡的防御工事。这时，负责留守的一营见机行事，马上发起总攻将敌军两面夹击。经过一番苦战，红军终于把白匪军赶到了普斯托谢利耶村。

5月20日，不甘心失败的波兰白匪军重新纠集队伍，向第43团展开了猛烈的攻势，妄图夺回昔日的阵地。崔可夫审时度势，没有和敌人硬拼，而是将队伍分散开来，诱敌深入，借助狭长的地势将白匪军压缩成了密集的队形，然后用火炮轰击和机枪扫射"慰劳"这伙饥饿的强盗。

随着一具具血肉模糊的躯体倒下，战场上的空气中迅速被血腥味和哀号声填满，到处可见敌人的残肢碎体，场面十分骇人。可即便如此，杀红了眼的敌人仍然不肯善罢甘休，还是继续补充兵力发动进攻，给第43团和第44团造成了极大的压力。

为了分散敌人的火力，崔可夫果断地投入预备队和骑兵侦察队，以闪电般的速度迂回到了敌人的侧翼和后方，给他们措手不及的打击。这样，第43团血战三天三夜，终于攻打到了普列谢尼镇。然而从此开始，红军的作战计划就出现了变故：第16集团军由于遭到了敌人的顽抗而未能继续推进，而崔可夫隶属的第15集团军却深入了100公里——成了没有支援的孤军。

孤军深入是兵家的大忌，第43团能否摆脱这个魔咒，就要看崔可夫如何指挥了！

## 2. 胜利的时刻

5月28日，第15集团军遭受到了波兰白匪军的强大反冲击，由于没有预备队和补给，他们节节败退，难以抵挡敌人饿虎扑食般的进攻。后来在上级的指示下，第15集团军且战且退，勉强躲过了被敌人围歼的厄运。6月4日，第43团奉命从奥姆尼舍沃村朝着别戈姆利撤退。为了避免敌人的合围，崔可夫派出了一拨能征善战的先遣队，先于敌人抢夺了通向别戈姆利的唯一道路。

为了保住这条至关重要的生命线，崔可夫决定施展空城计——给敌人造成第43团已经与大部队会合的假象，干扰敌人的进攻。于是，崔可夫马上留下20名骑兵和一挺机关枪，把守在奥索维村和奥特鲁贝村附近，通过不断变换设计角度的方法让敌人误以为是大部队在此驻防的假象。同时，崔可夫自己带着30名骑兵和3挺机关枪充当机动部队，随时查漏补缺，把这出戏演得尽善尽美。

没过多久，波兰白匪军到达了附近，很快就被崔可夫布下的迷魂阵弄得晕头转向，误认为自己遇到了红军的大部队，因此连忙停止了继续进攻的计划，转而化整为零，分成小股队伍向奥索维村发动进攻。于是，崔可夫便采用各个击破的办法重创敌军，致使对方在投入了大批部队之后才吃力地吞下了奥索维村。

这样一来，崔可夫总算为团主力争取到了两个多小时的宝贵时间。在白匪军占领了奥索维村之后，第43团又将其抢了回来。于是，双方为了这个在战前默默无闻的小村庄展开了精疲力竭的拉锯战。鉴于敌军力量强大，崔可夫只好在天黑之后带着部队向扎莫斯托奇耶一带撤退，在途中因中弹受伤被送到了医院。

由于红军的英勇作战，导致南线的邓尼金白匪军被严重挫败，因此红军有能力抽出一部分兵力去援助西线战场，使其一下子增加了2个集团军。然而随着军队数量的增加，食物紧缺的问题也日渐凸显。据统计，一名普通的战士每天的口粮仅为一俄磅（约合409.512克）的面包和少量的干菜，基本上见不到荤腥，有时候甚至连干菜也供应不上。每到这时，战士们只好拿起小铲子四处去挖野菜，条件十分艰苦。

中弹负伤的崔可夫，与第一次住院时一样，无奈地忍受着躺在床上看着天花板和接受白衣天使照料的生活。离开战场的他就像是离开了水的鱼，浑身上下都不自在，如同缺氧一般。所以在崔可夫伤势稍微好转了一些之后，就笑呵呵地央求医生让他出了院。

归队之后的崔可夫，很快接到了西线司令图哈切夫斯基下达的攻占华沙的命令。很快，奋勇当先的第43团将敌人赶到了别列津纳河附近。紧接着，红军克服了缺少渡河工具的困难，趟着水顽强地冲杀到了河对岸，阻断了白匪军的后路并迅速包围了别列津纳河一带的敌军。

7月14日，西南方面的白匪军被迫向西撤退。在这种不利的形势下，波兰政府马上向协约国最高委员会求助。很快，英国外交大臣寇松照会苏维埃政府，责令红军停止在波兰东部临时边界线以东50公里处以及同弗尔格尔和波兰军队的战争，倘若苏俄不答应的话将会遭到英国与其盟国的军事行动。

客观地说，寇松的这个要求对于苏俄来说并不过分，因为它实质上等于遏制住了波兰向外扩张的计划。然而当时的苏俄由于“左倾”错误路线的影响拒绝了英国的照会，并在和波兰谈判的过程中提出了很多让对方难以接受的条件，让两国关系愈发紧张起来。

7月29日，红军攻占了比亚威斯托克并在当地建立了波兰工农政权。这个带有侵略性质的举动大大招致了波兰人民的不满，也给了协约国继续对苏俄进行武装干涉的借口。没过多久，协约国便派出了以一战期间法国名将魏刚为首的军事代表团奔赴华沙前去“援助”。与此同时，波兰白匪军面对苏俄的大军压境也赶紧收缩了防线，集结在卢布林一带应对红军的进攻。另外，协约国还为波兰提供了财力和物力等方面的支援，势在保住华沙。

尽管红军在上一阶段的战斗中成功挫败了波兰白匪军，但此时的状况并不乐观。由于西方面军连续作战导致其建制严重不足，而且补给得不到有效的保证，所以士兵的战斗力越来越差。另外，闭目塞听的红军对波军的一举一动毫无所知。更糟糕的是，红军的指战员们仍然陶醉在胜利的余温之中，产生了可怕而致命的轻敌思想。

就在这时，苏俄西南方面军革命军事委员会竟然向苏俄武装力量总司令加米涅夫报告说波军在白俄罗斯境内的左翼部队已经被打散。“天真烂漫”的加米涅夫轻信了这个报告，让图哈切夫斯基元帅带着3个集团军不加准备就贸然向华沙发起了进攻。

当西方面军渡过纳雷夫河与西布格河之后，由于缺乏同友军部队的配合而被白匪军洞穿其进攻的战线，进而将自己的后方暴露给了敌人。1920年8月15日，红军以7万人被俘的代价从华沙附近撤了回来，却在路上遭到了白匪军饿狼般的尾随追击。这时，崔可夫的第43团作为殿后部队留了下来——其所处的境况可想而知。

崔可夫面对迎面扑来的敌军依旧气定神闲，他一边指挥部队掩护主力，一边向着重要的交通枢纽——维什库布市撤退，不想很快就遭遇了前来阻截的波军精锐。为了能够牵制住敌军主力，崔可夫一边让士兵们做出拼死进攻的假象，一边派出小分队分散敌人的注意力。然而，第43团还是未能彻底摆脱敌人的围追堵截，在乌多辛村这个地方被波军拦住了去路。身陷险境的崔可夫没有退路，在深思熟虑之后竟然决定——诈降。

在进行了一番乔装打扮之后，崔可夫和两名通信员一起举着白旗，领着一群“神情沮丧”的士兵向敌军营地走去。在距离白匪军只有约20米远时，敌人将枪口对准了走在前面的崔可夫。崔可夫临危不乱，让身后的通信员把手中的武器丢在地上，然后报出了自己是第43团团长的身份并说明了来意。

白匪军看着面前这个年纪轻轻的小伙子，似乎有些不信，于是便问崔可夫为什么他身后的士兵不扔掉武器。崔可夫解释，如果把枪扔在烂泥地里会弄脏，不如等到了干净的地方再规规矩矩地放好。就在这时，第43团的士兵们越走越近并悄悄地拉开了阵型。白匪军见状顿时慌了，举起枪就要开火。

在这关键时刻，崔可夫仍然做出一副若无其事的样子，让士兵们都把枪口冲下，并向白匪军表示他们没有任何敌意。随后，当红军距离波军只有100多米时，崔可夫摘下军帽命令士兵们把武器放下，可就在这电光火石之际，崔可夫和通信员一起突然趴在了地上，而他们身后的红军战士则在同一时间开火，将误以为要立下大功的白匪军打得鬼哭狼嚎。于是，第43团终于逃出了埋伏圈，与第44团在奥斯特鲁夫—马佐维茨至布罗克镇的公路上会合。

虽然两支部队合在了一起实力得到了增强，然而面对的却是白匪军的追击和阻挡。于是，第43团和第44团成立了临时指挥中心，由崔可夫担任总指挥。经过群策群力之后，崔可夫决定从敌军的防御缝隙中逃出去，尽量走那些没有白匪军驻守的小路。为了全面掌握敌情，确保万无一失，崔可夫亲自带着侦察员骑着马出去勘察敌情。

然而就在这时，潜伏在附近的敌人瞄准崔可夫便开了枪，将他击落于马下。通信员见团长负伤，赶忙将他拉上马逃出了险区。经检查，崔可夫的肱骨被击碎，失血严重，而团里又没有大夫所以只能草草地包扎一下儿，然后就被抬上了马车送往医院。在途中，崔可夫不仅要经受马车颠簸造成的伤口剧痛，还要面对随时可能跳出来的敌人。

马车摇摇晃晃地穿行在阴森的树林和狭窄的小路之中，在天亮时分来到了一条宽大的公路上，却没有发现半个敌人。机警的崔可夫立即意识到，敌人一定是在这条路的某个方向布下了防线，所以只有绕开才能避免被发现。于是崔可夫在敌人毫无察觉的情况下从特科钦和纳雷夫大桥一线突出重围，顺利到达了医院。

由于红军攻占华沙计划已经不可能，1920年8月17日，苏维埃政府只好与波兰在明斯克进行谈判，随后签订了和平条约，承认了波兰的独立并为其划定了东部的边界。不过，苏维埃政府也没有完全做出让步，而是提出了建立一支由波兰工人组成的公民警察部队的要求。

1920年9月，波军开到了明斯克一带，攻占了立陶宛的维尔纽斯，大大挫伤了苏俄军队的锐气，这也让苏维埃在同波兰谈判的过程中失去了底气，因此收回了要求波兰政府裁军并交出武器的要求，允许波兰将西乌克兰与西白俄罗斯划归其版图。10月12日，苏俄政府和波兰政府签订了《关于停战协定和约初步条件的条约》，承认了白俄罗斯和乌克兰的独立。第二年，双方又签订了划分国界的《里加条约》。

在苏波两国签订了一系列的停战协定之后，崔可夫率领步兵第43团负责国境警戒任务，后来又转移到了北维捷布斯克。对于这支英勇善战的队伍来说，战争硝烟的逝去意味着他们的任务也发生了变化——由抗击白匪军变成了征收粮食、平定叛乱以及消灭小股的土匪。

战争虽然结束了，但是崔可夫和他的战士们在历经血与火的考验之后变得越发强大，特别是对于身为指挥官的崔可夫而言，他在实战中积累了相当丰富的军事经验，并由此总结出了一套系统、完整的军事理论，为他日后的军事生涯奠定了基础。

## 3. 领命赴华

随着苏波两国的停火，猖狂一时的白匪也被红军消灭掉了，苏俄的国情也由此发生了变化。于是，诞生在特殊时期的战时共产主义也日益暴露出了弊端，不能再被当作经济建设的总方针，所以苏俄开始推行了新经济政策。

从战场上英勇走下来的崔可夫，也受到这种大环境变化的影响，开始思考人生下一步的计划。他很清楚，尽管自己在这几年的战斗中迅速成长，但是他的文化水平还十分有限，特别是国际上一些先进的军事理论自己并没有了解和掌握，因此他决定要系统地学习一番。这个23岁的青年将才，已经对未来的军事生涯有了明确的规划。

1922年，崔可夫通过申请进入到了当时苏俄最高的军事学府——工农红军军事学院（后改名为伏龙芝军事学院）。这对于求知若渴的崔可夫而言，是一个千载难逢的好机会，所以他比任何人都要珍惜。

在崔可夫进入伏龙芝军事学院这个时期，恰恰是它的师资力量、教学理念以及学风最好的发展阶段。当时的院长别列杰夫，是一个力求完美和卓越的教育工作者，在他一手的操办之下，伏龙芝军事学院的教学工作和科研工作都井井有条、蒸蒸日上，传授的军事知识无论是从理论上还是实践上都是非常有价值的，甚至还编写出了像《空军手册》、《炮兵手册》这样的教材和学术著作。

此外，学院还聘请到了当时很多优秀的军事人才前来授课，包括大名鼎鼎的图哈切夫斯基元帅以及特里安达菲洛夫副参谋长这样的知名人士，这对学员来说受益巨大。因为每一位亲历战争的指挥官，都如同一本活生生的军事教材，能给求知若渴的学生们带来无尽的启迪和思考。

由于苏俄几经战乱，国内的生活条件比较艰苦，所以伏龙芝军事学院的学生要忍受着比战场好不了多少的待遇。当时，每个人每月拿到的生活费非常少，根本不够当月的开销，不过大家的学习热情却并没有因此减退。1925年8月，崔可夫以优异的成绩从军事学院毕业。在8月5日的毕业典礼上，时任苏联中央执行委员会主席的加里宁亲临现场并发表了真挚热情的演说。

由于崔可夫学业出色，加上他有着丰富的实战经验，所以他在毕业后被学院留在了东方系继续学习。由于东方系的培养目标是将学生塑造成为军事外交官，所以对学生的要求十分严格。崔可夫在这里不仅要研究更加深入和系统的军事知识，还要学习有关社会、政治和军事，以及法律方面的知识，从而打造成全才式的人物。

特别是学习汉语知识，让崔可夫获益匪浅。由于汉语是一门比较难学习的语言，与俄语有着相当大的差别，所以崔可夫为此付出了很多辛苦。为了能够记住结构复杂的汉字，崔可夫不仅认真研究其中的规律，还虚心地和中国留学生进行交流，不仅提升了他的语言水平，更让他在一定程度上对中国有所了解。

由接触汉字到接触中国人，勤于思考的崔可夫开始思索这个处于十字路口的东方邻国将会走上一条什么样的革命道路。久而久之，崔可夫便萌生了想要去中国游览的愿望。

也许是上天被崔可夫求知的态度打动了，于是在冥冥之中赐给了他一个机会。1926年，崔可夫以实习生的身份，跟随罗日科来到了中国，揭开了他与中国不解之缘的首页。在特快列车的护送下，经历了漫长七昼夜的崔可夫终于来到了东北边境，他也由此踏上了这个神秘异国的沃土。

来到这个古老的东方国家之后，崔可夫看到的并不是繁华和兴盛，而是满目疮痍的残破景象——军阀混战，地方割据，民不聊生，列强入侵……在这块曾经写满了传奇的土地上，如今正上演着一幕幕闹剧和惨剧。更有戏剧色彩的是，崔可夫在这里看到了逃亡在外的俄国军官和白匪军。这些被苏维埃政权打击的革命对象，虽然苟延残喘地活着，但似乎并没有放弃反攻倒算的野心，他们如同一群蛰伏的野兽，随时对准目标张开血盆大口。

崔可夫他们此次中国之行的落脚点，是被称为“东方莫斯科”的哈尔滨。当时，这座北国之城是东北的经济中心和政治中心，被称霸一方的奉系军阀张作霖掌控。不少沙俄时代的遗老遗少也聚集在这里，他们一边咒骂着“红色革命”，一边干一些杀人越货的无耻勾当，丑态百出。崔可夫仅仅在这里待了5天，就在他的头脑中印下了一幅群魔乱舞的灰色画面。

离开哈尔滨之后，崔可夫跟着罗日科来到了长春、旅顺以及大连等城市。在这些地方，到处都是日本人的密探，他们像幽灵一样整天游荡在街角小巷，对这些来自苏联的造访者显得很不友好，所以采取了公开跟踪和监视的方法，试图从他们身上搜集到重要的情报。好在崔可夫他们很快就经过辽东半岛来到了塘沽港，然后途经天津到达了最终的目的地——北京。在这连续的旅途奔波中，崔可夫更加深刻地认识到当时中国的政治局势。

在崔可夫等人来华期间，正是中国近代史上最著名的大革命时期。当时的国共两党为了进行反帝反封建的民主革命，联手进行了具有重要政治意义的北伐——进攻以张作霖、吴佩孚和孙传芳为首的三大军阀以及隐藏在他们背后的帝国主义支持者。

由于北伐军士气高昂，很快就将革命的烈火烧到了湖南、湖北、安徽以及江西等地。与此同时，由中国共产党领导的工农运动也热火朝天地开展起来，进一步地推动了大革命的蓬勃发展。然而，北伐的号角让张作霖寝食难安，兔死狐悲的他在日本人的提携之下迅速将触角伸进了北京，抓捕并杀害了共产党的卓越领导人李大钊，让时局更加混乱不堪。

身在政治斗争漩涡之地的崔可夫，更加清醒地意识到中国人民要想摆脱这种暗无天日的生活，就只有起来进行民主革命这一条道路。由于出访的行期已经结束，崔可夫只得恋恋不舍地离开这片充满斗争和变革的国土。

或许是与中国有缘，在第二年秋天，从东方系毕业的崔可夫再次来到了中国。然而这一次，崔可夫不再是一个普通的随行人员了，而是以军事顾问的身份造访。

为了更深入地了解中国的国情，崔可夫这一次广泛游历，不仅去了像北京、天津这样的大城市，也来到了素有“天府之国”美誉的四川，差不多走遍了华南、华北等大片地方。

在此次旅行中，崔可夫的汉语水平也有了相当大的进步。不过最重要的是，此时的他已经对中国的革命形势有了自己的认识，他认为坚持工农运动的共产党要比国民党的革命意志更加坚定，而且富有更崇高的革命理想，代表着中国未来革命道路的前进方向。本来，崔可夫还想更加贴近地了解中国社会，可惜由于中东铁路事件的影响而被召回国。

## 4. 与东北军开战

所谓中东铁路事件，是1929年在苏中两国之间发生的一次争端。引起纠纷的中东铁路，是旧沙俄时代同满清政府共同修建的。本来这是一条侵犯了中国主权利益的铁路，不过苏俄政府在1924年和中国政府签订了《中俄解决悬案大纲协定》，表示愿意将这条铁路涉及的有关中国主权的事务全部交还给中国政府。

然而在1929年，蒋介石为了削弱张学良在东北的势力，便怀揣着阴谋挑动这位年轻的少帅和苏联发生冲突。

当时，南京国民政府的头面人物吴铁城来到东北，面见张学良。在谈话中，吴铁城曾经讲出了“不到东北，不知东北之大；不到东北，不知东北之危”这样的话，让张学良产生了东北四面都是敌人的错觉。此外，蒋介石还居心叵测地将苏联在东北的势力故意夸大，让张学良认为苏联已经对自己构成了极其严重的威胁。

更糟糕的是，东北军中的一些少壮派人物也向张学良提供了一些错误的信息，如苏联外强中干，边境武装力量甚为孱弱等等，让张学良误以为只要开仗就能够将苏军轻易地击败。因此，年少无知并被人蛊惑的少帅决定对苏联采取强硬手腕。

从1929年的上半年开始，中苏双方关于铁路问题产生了严重的分歧，矛盾越来越大。结果，苏联政府在7月13日向中国提出了抗议并宣布断交，崔可夫也就因此被召了回去。

中东铁路事件发生之后，张学良面对苏联的指责也采取了强硬的态度，在8月15日发表了对苏作战动员令，以6万兵力分两路向苏联进攻。面对张学良的强硬立场，苏联自然也不示弱，于8月6日发布了组建红旗远东特别集团军的命令，委派布柳赫尔担任远东特别集团军司令员。与此同时，张学良在蒋介石的怂恿下开始了报复行动。这样一来，中苏双方在边境便发生了频繁的武装冲突。

面对中国军队的军事行动，苏联远东特别集团军决定通过暴力手段来解决中东铁路问题。1929年8月，崔可夫被派到了位于伯力的远东特别集团军的司令部驻地，在布柳赫尔的麾下负责搜集情报工作。此时此刻，他或许会心生感慨：熟悉汉语的自己竟然要和讲汉语的人开战了。

当时苏联的红旗远东特别集团军，总兵力达到4万多人，其中包括3个步兵师、1个骑兵师以及1个蒙古骑兵营，装备有飞机、坦克、重炮、战舰等重型武器，同时还得到支援，兵力最多时达到了8万人。在海军方面，阿穆尔河区舰队负责支援特别远东集团军，这支舰队包括3个舰艇大队、1个扫雷舰中队、1个航空队和1个陆战营。总的来说，苏军为这一仗投入不小。

战端开始之后，东北军与苏军在黑龙江和松花江的交汇处同江、富锦地区一带交火，随后在11月17日又把战火烧到了黑龙江省东部的密山以及西部的海拉尔和满洲里一带。在苏军强大的攻势之下，东北军节节败退。就在这时，崔可夫被布柳赫尔派到了东线战场，让他亲身经历了苏军同中国军队的较量。

东北军之所以在自己的地盘上失利，一是因为军事装备与苏军差距太大，二是因为士兵大多是土匪出身素质较低，三是战略战术落后而且准备不足，所以导致东北军接连失守，一败涂地。另外，当时的张学良还是一个瘾君子，根本无法起到喝令三军的表率作用。面对战事的失利，被蒋介石煽动得脑袋发热的少帅终于冷静下来，开始寻求外交手段来解决和苏联的冲突。

11月26日，张学良致电给苏联代理外交人民委员李维诺夫，希望以谈判的方式解决中苏之间的冲突。很快，苏方对张学良的请求表示同意，于是在12月13日签订了《双城子草约》，在22日又签订了《伯力协定》。至此，苏军从满洲里一带撤兵，中东铁路则继续处于由中苏共同管辖的状态，中苏两国的外交关系也恢复了正常。

至于中东铁路的最终归属，经历了一个比较复杂的过程：

1935年3月23日，苏联以14000万日元的价格将中东铁路卖给了日本。1945年8月14日，国民党政府和苏联政府签订了《中苏友好条约》，将中东铁路驻南满支线变成中国长春铁路，由中苏两国共同经营30年，期满将无偿归还中国。1952年12月31日，苏联政府将中东铁路的一切权力及全部财产移交给中华人民共和国。

虽然这一次的中苏冲突很快结束了，但崔可夫却在这并不激烈的战争中预见到了现代化武器的重要性，特别是坦克在冲锋陷阵中的重要作用。他发现，当坦克和步兵协同作战的时候，将在战场上发挥巨大的威力，而正是因为东北军缺乏这种现代化的作战武器，所以才遭遇到了失败。因此在20世纪30年代，苏军加大了对现代化武器装备的普及速度，建立了装甲部队和机械化部队，同时发展了空军、炮兵部队以及其他兵种。

在完善“军事硬件”的同时，苏军也积极开始研究军事理论并大批地培养具有现代化军事素质的人才。由于崔可夫在实战经验和理论素养方面都非常杰出，所以他被任命为主持首长进修班工作的职务。

在崔可夫走马上任之后，他除了在新军事技术、战略战术方面做了大量工作之外，还系统钻研了纵深战斗和纵深战役的相关理论，摒弃了一战时期的阵地战的陈旧模式，寻找到了一条崭新的军事变革之路。苏军为了能够尽快地发展机械化部队，大量的军事人才被送到了工农红军机械化和摩托化学院速成班。

1938年4月崔可夫被任命为步兵第5军军长，在同年7月份又擢升为俄罗斯特别军区博布鲁伊斯克集团军集群司令。然而，就在崔可夫飞黄腾达之际，又一场战争悄悄向他靠近了。而这一次的对手绝非等闲之辈，竟然让这位常胜将军蒙受了终生的耻辱。

# 第四章 大战前夜的喧噪

# 1. 不堪回首的苏芬战争

苏联将要遭遇的敌手是芬兰，然而就是这个被冰雪覆盖的北欧小国，将给强大的苏联一次致命的打击和教训。

芬兰在1808年被沙皇俄国征服，成了其附属国，从此开始了被人奴役的曲折发展之路。第一次世界大战时，德国一直煽动芬兰争取国家独立以此来对抗俄国。在俄国十月革命后，芬兰政府于1917年12月6日宣布独立。不过，因为德国的战败，致使德国扶持的黑森亲王弗里德里希·卡尔没能成为芬兰国王，但德国和芬兰的联系没有中断。

对于芬兰的独立，苏联自然不能袖手旁观，因此扶植芬兰的社会主义者发动起义，结果失败。由于苏芬边界距离列宁格勒只有32公里，所以斯大林十分担心芬兰会成为德国进攻苏联的根据地，因此于1932年和芬兰签署了互不侵犯协定，并在1934年又确定此协定的有效期为10年。尽管如此，苏联仍然不敢保证芬兰会信守条约，因此还是要想方设法地让自己的国土处于真正的安全状态当中。

1938年4月，苏联和芬兰进行外交谈判，希望和芬兰联合抵抗德国，同时希望芬兰将列宁格勒外围领土和苏联北方领土交换，以达到保护列宁格勒的目的。苏联以加强北方防务为由，向芬兰提出了要求租借其本土和芬兰湾上某些属于芬兰的岛屿并试图在这些岛屿上面建立防御工事。显然，芬兰政府对这些根本不能接受，因此拒绝了苏联的建议但也保证不会为其他国家当作进攻苏联的跳板。

10月，苏联向芬兰提交了一份备忘录，希望将靠近列宁格勒的芬兰边界向北面推移约30公里，同时将卡累利阿地峡南部等地区约2700平方公里的土地割给苏联，作为交换条件，苏联也将出让相当于其两倍面积的东卡累利阿地区。另外，苏联还提出以每年800万芬兰马克的租金租借汉科半岛30年并割取位于芬兰湾一带的岛屿的要求。显然，苏联的这些要求是芬兰人不能答应的，于是在秘密谈判未果的情况下，苏联终于挑起了战争。

当时芬兰的机动部队只有12.7万人，即使加上后备军也才达到35万人。但是，芬军采用游击战对抗苏联的入侵，并充分运用滑雪橇和石油炸弹四处伏击苏军，给对方极大的杀伤。

相比之下，地域广大的苏联只投入了20万人和900门炮，虽然还动用了1000辆坦克，却根本没有发挥作用。原因在于，苏联认为对付像芬兰这样的小国根本不需要动用重兵，甚至手拉手唱着国歌开赴了前线。更糟糕的是，由于斯大林的种族偏见，参加苏芬战争的军队多是由南方部队组成，无法适应芬兰寒冷的天气和在丛林中进行战斗。

另外，由于苏联的行为是带有侵略性质的，所以招致了许多国际力量的不满。他们向芬兰送来各种物资，甚至有很多在国外的芬兰移民充当志愿者回来参加战斗，人数超过了1万。

于是，不占据天时地利人和的苏联，在错误的时间发动了一场错误的战争，等待它的只有血淋淋的失败。崔可夫作为一名苏联将领，也被迫绑在了历史的车轮上，参加了这次不义之战。

当时，崔可夫率领的第9集团军负责去切断芬兰的“腰部”。尽管在12月底第9集团军也只是楔入到芬军防御线内的35公里～45公里之内，但是其摩托化步兵第44师和步兵第163师却在芬兰游击队的打击下几乎全部战死沙场。

第44师和第163师是崔可夫麾下实力强劲的部队，共有4.8万人，拥有100多辆坦克、50辆装甲车和335门火炮。然而，由于第163师的战士大部分都是蒙古人，而第44师的战士又多数为乌克兰人，所以都无法适应芬兰酷寒的天气。他们面对的战场，白天仅为5个小时，积雪厚度达到1米，气温则在零下30℃～40℃，因此机械化部队难以发挥其最佳的本领。

第163师从12月27日开始就遭到了芬军步兵第9师的强悍反击，由于未能和友军摩步第44师配合起来，导致苏军被芬军设置了一道阻击防线，使其无法同友军相连。在这种情况之下，苏军只能在一条极其狭窄的土路上运动，而芬军凭借对地势的熟悉给摩步第44师造成了灾难性的打击，因此摩步第44师放弃了与第163师会合的念头，使两支队伍陷于孤军奋战的境遇中。

由于天气非常寒冷，摩步第44师的很多士兵又穿着夏季皮靴，导致很多人的脚被冻伤甚至冻掉，而且还有不少人在睡梦中就稀里糊涂地冻死了。1940年1月6日，摩步第44师师长维诺格拉多夫擅自撤离了阵地，他自己在逃回了苏联之后因玩忽职守罪名而被判处死刑。

显然，苏芬战争让第9集团军遭遇了前所未有的惨败，不仅士兵伤亡达到两万多人，而且大量的枪械弹药也被芬军缴获，成了他们反戈一击的有力资本。

对于苏联来说，这次战争是相当可怕的，它不仅让苏联丢掉了面子，更损失了一大批年轻勇敢的战士。1940年3月28日，苏联人民委员会议主席、苏联外交人民委员莫洛托夫在向苏军最高苏维埃提交的报告中提到了红军在苏芬战争中的伤亡数字为：死亡48745人，伤158863人。不过，由于这个报告是向外公开的，因此其可信度并不高。

1970年，前苏共中央总书记赫鲁晓夫在其秘密出版的《赫鲁晓夫回忆录》中提到了苏军在苏芬战争中的损失时说“我们损失了上百万人”。也许这个数字有些夸大，但是根据俄罗斯军事历史学家索科洛夫在《影响世界的100场战役》里说，苏芬战争中苏军阵亡的数字可能为17万人，而伤者则很可能超过50万。怪不得，芬军战士曾经骄傲地说，如果有一个芬军战士倒下，就将会有10个苏军战士阵亡。

苏芬战争之后，崔可夫被解除了第9集团军的职务，这也是他军事生涯中不堪回首的一个污点。不过，即将而至的更大一场战争，将让他的人生走向更加辉煌的时刻。

## 2. 带来厚礼的苏联特使

第一次世界大战结束之后，帝国主义国家之间在《凡尔赛和约》的签订下勉强维持了20年的和平。由于协约国对战败的德国压制得过于苛刻，导致日耳曼人民对这个和约强烈不满并由此生发出了愈演愈烈的民族复仇主义情绪。在这种大背景之下，希特勒的纳粹党粉墨登场，将广大德意志人民煽动起来，开始了法西斯肆虐欧洲的丑恶表演。随着吞并奥地利和占领捷克斯洛伐克的成功，德国的下一个目标便指向了波兰。

由于希特勒吸取了一战时期德国两线作战的教训，因此他在出兵波兰之前，首先稳住了苏联这个潜在的对手。苏联因为与波兰的宿怨未解，加之避免同法西斯过早地产生摩擦，于是悄悄地同德国在1939年8月23日签订了《苏德互不侵犯条约》，给自己吃下了一颗定心丸。

1939年9月1日，蓄谋已久的德国采用闪击战的形式进犯波兰，英法两国被迫向德国宣战，第二次世界大战由此爆发。然而，由于英法采取了懦弱自保的绥靖政策，因此在宣战之后竟然对德国仍旧彬彬有礼，避免同敌人交火。这样一来，他们可怜的小伙伴波兰就成为德国任意宰割的羔羊。

苏联为了防止战火殃及自身，以保护西部边境安全为借口，公然无视1921年同波兰签订的《里加条约》和1932年的《苏波互不侵犯条约》中有关西乌克兰和西白俄罗斯划归波兰的规定，在9月17日声称波兰政府已经流亡国外，因此苏波之间的和约便失去了法律效力。

造出这种舆论攻势之后，苏联随即命令红军越过苏波边界，以“解放”西白俄罗斯和西乌克兰为理由，建立了两个遥相呼应的集团军群。当时，被重新启用的崔可夫指挥第4集团军参加了这次所谓的“解放”战争，占领了波兰的部分土地。

波兰亡国之后，希特勒立即调动部队横扫西欧，以极快的速度吞并了大片的土地，并将宿敌法国击败，随后对英国本土也开始了狂轰滥炸，企图逼迫其投降。然而在强硬派首相丘吉尔的领导之下，英国军民在孤军奋战的情况下进行了顽强的抵抗。这一时期，全世界很多国家和地区都进入了遭受法西斯主义蹂躏的黑暗时刻。在远东，日本发动了侵华战争并将战火烧到了亚洲的其他地区，甚至对苏联也开始了武装挑衅。

面对这种不利的局势，苏联一方面同日本进行和谈，另一方面则支援中国人民的抗日战争，以此来拖住日本进攻的步伐，使其无力进行北上。1940年，苏联派出了会说汉语且有过赴华经历的崔可夫前去中国担任蒋介石的军事总顾问，指导国民政府抗日并尽力调解国共两党之间的矛盾。

为了让崔可夫充分认识到此次出使中国的重要性，苏联委派铁木辛哥元帅亲自找到他面谈。起初，崔可夫以为元帅召见自己只是为了了解一下军队建设的情况，然而很快他就明白了原来自己将要再次被派到中国。

铁木辛哥告诉崔可夫，希特勒的下一个进攻目标必然会瞄准苏联，而日本也会在彻底占领中国之后对苏联有所举动。因此苏联现在必须支持中国的抗日战争，打击日本的侵略野心，从而维护苏联在远东地区的利益。鉴于中国存在着国共两党并肩抗日的状况，铁木辛哥告诉崔可夫一定要认清蒋介石抗战的决心和实力并阻止国民党对共产党的敌对行动，维持两党之间的合作关系，巩固抗日民族统一战线。

此外，铁木辛哥还交给崔可夫一个任务：帮助中国训练军队，特别是要学会使用苏联对其进行援助的武器装备。已经多次去过中国的崔可夫知道自己此番出行的不易，因为以蒋介石为首的国民政府一直是采取积极反共消极抗日的反动路线，所以要想协调好两党的关系并不容易。但是，既然上级如此信任自己，崔可夫也就欣然接受了使命。

让崔可夫没有想到的是，在他同意出使中国之后，竟然被斯大林亲自接见，这是他第一次如此近距离地接触这位领袖。斯大林虽然个子不高，但气势惊人，颇有一种伟人风范。在会客室里，斯大林同崔可夫进行了一番热烈的长谈，帮助他分析了中国的局势，特别是将孙中山领导下的国民党和蒋介石领导下的国民党进行了一番对比，同时还把共产党的情况向崔可夫进行了介绍。在谈话结束之后，崔可夫立即着手准备赴华的一切工作。

1940年12月，崔可夫从莫斯科坐火车来到了阿拉木图，然后再换乘飞机取道新疆的石河子地区最终到达了兰州。这一次出行，崔可夫不仅带来了15名军事顾问和军事专家，还带来了150架战斗机、100架快速轰炸机、300门火炮和500辆吉斯—5型汽车作为见面礼送给了蒋介石。

本来，崔可夫的目的地是当时中国的陪都重庆，然而蒋介石由于不了解苏联此次援助中国的真实意图，于是就以重庆大雾为借口让崔可夫在兰州降落，并派出了中国第八战区司令长官朱绍良代为迎接。这样一来，崔可夫等人就滞留在了兰州。

崔可夫毕竟对国民党有着一定的了解，也深知蒋介石的为人，因此他没有盲目听信雾锁重庆之类的理由，而是派人出去进行调查从而识破了蒋介石的诡计。于是，崔可夫找到朱绍良，义正词严地将真相揭穿。

与此同时，崔可夫又收到了蒋介石秘密调动军队图谋对共产党不轨的情报，然而他却错误地认为在抗日战争的大形势之下，蒋介石是不会冒天下之大不韪对共产党采取实质性的行动，于是便没有采取任何对策。恰在此时，蒋介石派出一架专机将崔可夫和他的助手由兰州接到了重庆。

飞抵重庆之后，崔可夫在苏联大使馆同中国大使潘友新进行了会晤，两个人一见如故，在彼此身上都发现了很多共同点。原来潘友新也是毕业于伏龙芝军事院校的学员，是崔可夫的校友因此有着很多的共同语言。随后，崔可夫又来到了武官处与那里的工作人员见了面。在上级的安排下，罗申上校成了崔可夫的副手，安德列耶夫则担任翻译。

罗申是一个地地道道的中国通，为人精明强干，办事能力非同一般，而且与英国人和美国人的关系很好；安德列耶夫则精通英语和汉语，和中国的高官和一些进步人士有着密切的来往，是一个不可多得的人才。崔可夫有了这两个新成员的协助，为他增添了不小的力量。

1941年1月1日，崔可夫终于见到了迟迟不肯露面的蒋介石，由于这一天是中国的元旦，所以崔可夫应邀参加了国民政府为各国顾问专门举行的新年宴会。然而，蒋介石在这一次会见中，仍然表示出了对苏联此次外交行动的疑惑，因此他不断地想从崔可夫的口中搜寻到有价值的信息，特别是苏联对中国共产党的态度。

面对蒋介石的种种疑问，崔可夫一一进行了耐心的解答，当然他避开了一些实质性的内容，因为他很清楚一旦蒋介石真正摸清了苏联的立场之后，很可能会采取不配合的态度，那样的话这次外交活动就形同失败。因此，崔可夫温情地给蒋介石吃了定心丸：苏联一直本着和平的态度与中国友好相处，即使面对德国法西斯也避免与之产生冲突，当然前提是苏联自身不受到对方的侵犯。

除了向蒋介石表明政治立场之外，崔可夫还滔滔不绝地分析了一下欧洲的战争局势，特别是有关法国投降和英国失利等事件。不过在这个话题的讨论中，蒋介石和崔可夫发生了争执，让这次谈话在不太愉快的氛围中结束了。

与蒋介石的谈话，让崔可夫明白自己还需要进一步摸清国民党和蒋介石的脉搏，这样才能有利于自己日后外交工作的开展。于是，他开始借助资料和各种关系对时局进行了分析。

当时中国抗战的形势是，尽管在战争态势上处于战略相持阶段，丢失了大片的国土，然而在军队数量上与日本并无多大差距，而且在装备上也日益改进，因此取得最后的胜利还是有着一定的把握。然而此时的国民政府似乎并没有把全部精力放在如何抗日上，而是绞尽脑汁要消灭在抗战中不断壮大的共产党。这一现象自然引起了崔可夫的注意，他觉得如果不能纠正这种反动路线的话，将会大大影响到抗日战争的最后胜利。

然而让崔可夫没有想到的是，在他刚刚来到中国不久，自己就亲身经历了国民党剿共行动中最惨无人道的一次——震惊中外的“皖南事变”。



## 3. 调解“皖南事变”

1940年10月9日，国民党政府对驻守在黄河以南的共产党军队发出命令，要求在一个月之内迅速由南岸撤到北岸，并强令其由50万人缩减到10万人。11月9日，共产党方面针对国民党言过其实的诽谤生事给予了严厉的反击，但为了维护抗日民族统一战线还是同意将驻扎在皖南的新四军撤到长江以北。然而令大家始料未及的是，共产党的让步却进一步激发了蒋介石剿共的欲望。

1941年1月6日，新四军9000多人在北移的途中经过安徽泾县境内时，突然遭到了国民党8万多人的血腥围剿。新四军经过七昼夜的血战，最终弹尽粮绝，大部分人被俘或壮烈牺牲，只有两千多人突围，副军长项英被叛徒杀害，军长陈毅被捕。紧接着，蒋介石宣布新四军为“叛军”并取消了其番号，这就是震惊中外的“皖南事变。”

“事变”发生后，共产党对蒋介石的这一反动行径进行了强烈的谴责并积极重建了新四军。与此同时，英美等国对蒋介石的这次剿共事件也进行了指责，他们不想看到在日本人还没有被消灭的时候中国人自己搞内讧。

“皖南事变”发生在崔可夫到达中国的第6天，是国民党反动派三次反共高潮中最严重的一次，也让国共关系空前紧张起来。因此，肩负着调解两党关系的崔可夫，便不得不面对如何解决这一事端的责任。

由于蒋介石在发动“事变”之前根本没有透露给苏方任何信息，因此崔可夫为了弄清事情的真相与中共代表周恩来、董必武和叶剑英进行了紧急的会晤。在同共产党的高层接触之后，崔可夫明白了蒋介石是在利用中国抗日武装力量总司令的头衔来削弱共产党的力量，以此达到国民党一党专政和独裁的险恶目的。

经过一段时间的了解，崔可夫发现，中国的局势远比自己当初料想的要复杂很多，他根本不会想到在民族危亡之际，蒋介石竟然会向并肩抗敌的战友开火，这实在是让人无法容忍。

但是崔可夫也很清楚，苏联的对华政策还是更多地倾向于国民党，因此作为外交官的他也不能去正面谴责蒋介石，否则将会破坏这种合作关系。想来想去，崔可夫决定通过私人会谈的方式侧面向蒋介石施加压力，防止国共之间的矛盾进一步升级。为此，崔可夫特意找到了国防部长、亲日派头子何应钦。

何应钦当时是国民党反动派中的反共急先锋之一，听说苏联的外交官登门他自然猜到了几分，所以在见到崔可夫之后便假惺惺地说了很多冠冕堂皇的话。然而崔可夫在耐着性子与何应钦寒暄了一阵之后，便开门见山地提到了“皖南事变”，何应钦见对方气势逼人所以也未敢撒谎，将此次剿共事件原原本本地告诉了崔可夫。

崔可夫听了之后，严肃地质问对方自己该如何向苏联汇报，老奸巨猾的何应钦随即污蔑新四军是因为不遵从蒋介石的命令所以才遭到“惩罚”的。然而崔可夫丝毫不为之所动，对蒋介石公然破坏统一战线的行为予以指责。第二天，崔可夫在会见白崇禧和其他国民党要员时，再次表明了自己对“皖南事变”的看法和立场。

1941年1月25日，潘友新正式拜会了蒋介石。在这次会谈中，尽管蒋介石始终将事变的责任推到共产党身上，但是潘友新却态度明确地指出，在抗日战争的大背景之下，国民党只有和共产党精诚合作才是唯一的出路，任何不友好的举动都是不明智和野蛮的。

在强大的舆论压力之下，蒋介石终于意识到“皖南事变”虽然让自己在军事上取得了胜利，但是在政治上却失去了优势，更失去了民心。相比之下，一心坚持抗战的共产党以维护大局的实际行动赢得了人心。最后，四面楚歌的蒋介石只得表示此后不再剿共，用谦卑的态度和虚假的笑容来缓和对其不利的政治局势。

应该说，“皖南事变”给崔可夫发送了一个非常重要的信号，那就是他知道如果不能有效地掌握国民党方面的情报的话，他将会在今后工作的开展中遇到重重障碍。为此，崔可夫精心地筹建了一个信息灵通的情报网络，开始广泛搜集国民党的最新动向，甚至是他们那些不可告人的秘密行动。

在崔可夫担任蒋介石军事总顾问的这段时间里，他认真对比了中日两国的综合实力，包括经济、政治以及军事等方面的差距，同时还涉及蒋介石领导下的国民政府抗日的决心。此外，日本在1941年的作战计划，也是崔可夫需要全面了解和分析的。他深信，只有知己知彼才能做出最有把握的决策，才能让身为苏联特使的他不虚此行。

除此之外，崔可夫还要做的一项工作是，帮助苏联军事顾问处理好同中国政府官员以及军事将领之间的关系，特别是要对中国国情进一步地了解，否则将不利于搞好中苏两国之间的关系。为此，崔可夫努力把驻华军事顾问同中国人和睦相处当作一项重要的工作来抓。于是，崔可夫那惊人的酒量终于有了用武之地。另外，他还不忘加强同共产党之间的联系。

经过一段时间的考察，崔可夫发现了一个让他非常惊讶的事实：1941年的中国军队一共有385.6万人，包括290个步兵师、14个骑兵师、22个炮兵团、6个迫击炮团和其他各种武装力量。如果从这个统计数据来看，当时的日军在数量上已经超过了中国军队，这和崔可夫此前的了解存在着很大的出入——此前他一直以为中国军队的人数更多。

除了在军队数量上不占优势之外，中国军队的武器装备和士兵待遇也远不及日本。由于中国方面的补给能力差，因此物资供应十分困难。在国民党军中，除了少量的嫡系精锐待遇优越之外，大部分杂牌军的士兵们根本享受不到应有的待遇，穿的是草鞋，5个人共用一条毯子，卫生条件非常差，甚至有时候还要饿着肚子扛枪上前线。

士兵们不仅生活待遇差，而且还要经常遭受长官的殴打和体罚。外国支援给中国军队的钱物，不少都被军官以各种形式中饱私囊，导致部队风气的败坏。更要命的是，很多士兵参军并不是为了保卫国家，而是为混一口饭吃，缺乏必要的政治思想教育，所以导致其战斗力十分孱弱。再加上下级士兵们对长官的不满，也造成了军队缺乏凝聚力和向心力，所以在强敌面前几乎没有还手之力。

因此，国民党杂牌军队在连续地吃败仗之后，其军队的士气也一路狂跌，形成了一种可怕的恶性循环。另外，崔可夫还对当时蒋介石和其他军阀之间的关系进行了考察。经过走访和打听之后，他发现，尽管蒋介石在名义上统一了中国，但在事实上还是无法避免地方割据，因此在调动军队的时候经常出现不服从命令的情况。

国共两党之间的关系，也是崔可夫比较关注的问题之一，他发现当时的共产党军队由于没有外国援助，所需要的武器装备以及其他战略物资基本上都是靠在战场上缴获而来的，因此他们的抗战和国民党相比更加困难，但也更加坚定和充满士气。然而，由于当时苏联外交政策的倾斜，让崔可夫对共产党还存在着一定的误解。

崔可夫在重庆担任军事顾问期间，遭遇了中国抗战最艰难的时刻。由于日军为了强迫中国军队投降，所以对重庆进行了狂轰滥炸。然而中国的防空设施和防空武器都非常缺乏，导致生活在这里的百姓遭受着惨痛难忍的煎熬。尽管如此，中国人民的抗战非但没有停止，而且还牵制住了日军的主要兵力，客观上支援了世界反法西斯的其他战场。

# 4. 协助国民政府抗日

1941年，疯狂的日军对山西发动了蓄谋已久的进攻。不仅剿杀抗日力量，还残害当地百姓，犯下了滔天罪行。崔可夫在得知这一情况后，马上对蒋介石提出了建议：组织第一、第二和第八战区军队一起抗击日寇。可是，由于蒋介石不甘心放松对共产党的大本营——陕甘宁边区的围剿，所以没有抽调出足够抗敌的兵力，结果导致了这次阻击的失败，日军也由此向黄河、洛阳一带进逼，极大地威胁了西安的存亡。

蒋介石为了避免第一战区和第五战区被日军攻破，所以采纳了崔可夫的建议，在黄河南岸委派亲信——著名的“逃跑将领”汤恩伯建立起了一道防线，总算稳住了局势。随后，崔可夫又开始积极部署宜昌战役的作战方案，力图消灭驻扎在宜昌—荆门—荆州三角区域的日军，夺回宜昌市，将第五战区和第六战区的部队调集到汉口附近。同时，崔可夫为了阻断敌人的交通线，还建议将第三和第九战区的部队调到长江沿岸做好战斗准备。

崔可夫为了保证此次战斗计划的顺利实施，发挥了他在苏联同白匪军作战的优良传统——对敌情和战场进行全面的侦察。

当时，崔可夫带着助手和翻译来到前线整整勘察了3个礼拜，在搜集了有关地形和军队部署的重要情报之后才返回了重庆，将这些情况告诉给了何应钦。对此，蒋介石表示十分赞赏，后来这份内容翔实的报告也应用在了长沙战役中，帮助国民党军队更准确地对敌情做出判断。9月，在岳阳以南到长沙地区一带，崔可夫拟定的作战计划粉碎了日军对中国第九战区的猛烈进攻，这位来自苏联的军事指挥官终于让国民政府刮目相看。

此时，世界反法西斯战争也转入了一个新的阶段：随着欧洲战场烟火的渐渐消散，德国对苏联的威胁也日益加剧。因此，做好防范纳粹侵略的准备成了苏联当前的重要工作之一。另外，日本法西斯在亚洲地区的肆虐也不得不引起苏联的重视。为此，苏联政府交给崔可夫一个特别任务：尽快弄清日本的下一个侵略目标。

接到命令之后，崔可夫马上和潘友新展开了调查。结果，他们从情报网搜集到的信息中得知，在东北地区的日本人把汽车涂上了特别的伪装色，同时日本人还从华北地区调兵到满洲，大批的军事装备和物资也纷纷运送过来……这一切，似乎正说明了日军做好了攻打苏联的准备。

如果单纯从这些情报来看，苏联应当马上加紧对日本进行防范并调整之前的防御计划。然而崔可夫并没有被这些情报完全牵着鼻子走，而是有自己的主见。他分析了一下1941年的国际形势，认为从德意日签订的《反共产国际协定》来看，日本完全有可能联合盟国进攻苏联，而且日军在占领了中国东北之后，也似乎有着以朝鲜和满洲一线作为跳板而进攻苏联的企图。

但是，崔可夫的分析并没有停在这儿，他认为日本在缺少足够的煤炭、石油和金属等战略物资的条件下，贸然向苏联发动进攻是很不理智的，特别是日本向苏联进行的几次挑衅都以失败告终，也表明日本认清了自己同苏联之间的差距。此外，中国方面的情报来源也认为关东军目前还不具备进攻苏联的实力，因为中国战场已经拖住了日本的主要兵力。

崔可夫认为，相比于北上，此时的日本南下的前景会更好一些，因为当时的东南亚一带由于法国的投降而兵力空虚，加上日本占领的广州、海南岛和海防港等有利的地缘优势，日军的胜算还是很大的。另外，从其他情报来看，日军在1941年已经组建了一支强大的海军——这显然是为海上作战精心准备的。

就在崔可夫绞尽脑汁地分析日本的下一步战略行动时，一个意外的事件发生了：1941年，一架日本飞机在广东上空坠落，上面乘坐着一名日本海军将领并带着大量的重要文件。

崔可夫得知了这个消息便立即向蒋介石索要文件，结果却被告知文件没有到达他的手中。恰在此时，日本外相松冈洋右在从德国归来的路上途经莫斯科准备同苏联方面进行会晤。崔可夫获悉之后，立即向上级汇报了国民政府得到了日海军将领情报的信息。莫斯科在收到这个汇报之后，指示崔可夫尽快将那些文件搞到手。

在崔可夫的运作之下，来自日海军将领的文件终于让他拿在了手中，而它所带来的重要信息是：日军目前正在以海南岛为军事据点，以此来向南推进。于是，崔可夫把这个情报和自己对未来战况的预测一起发到了莫斯科，为苏联稳住同日本的关系起到了重要的作用。可就在这时，一件大事发生了。

1941年6月22日，德国法西斯在没有任何先兆的情况下，突然向苏联发动进攻，公然撕毁了《苏德互不侵犯条约》。由于德国采用了“闪电战”的形式，给准备不足的苏联以沉重的打击，在短期内丧师失地，连还手的机会都没有。更让人担心的是，当时的日本还没有发动对美国的进攻，因此不能排除与德国联手侵犯苏联的可能。

身在中国的崔可夫，自然很清楚他热爱的祖国和人民正在遭遇着前所未有的考验。在他认真分析了日本的动向之后，并没有发现日本有南下的举动，而是密切关注着苏德战场的形势走向。7月5日，东条英机批准了名为“关东特别大演习”的计划，加剧了远东形势的紧张。不过在两个月之后，日本终于启动了南下的计划，这在客观上减小了苏联的战场压力。

1941年12月，崔可夫同美国大使偶遇，从他们那里得到了一些关于远东未来状况的分析。美国人认为，由于日本在中国战场上投入太多，耗费的精力太多，因此不会轻易采取大规模的军事行动。对此，崔可夫感到了焦虑，如果事实真的像美国人所说的那样，那么自己发给莫斯科的报告将会影响着高层的决定。

然而到了第二天，崔可夫却发现美国人像做贼一样急匆匆回国了，原来是日本人偷袭了珍珠港！这就意味着一向奉行孤立主义政策的美国人也被卷入到了战争当中，而且不言而喻的是，日本人绝不可能再发动对苏联的进攻了——因为这个弹丸小国不可能同时和两个强国开战。

随着太平洋战争的爆发，英美等国越来越重视中国战场的重要战略意义，因此慷慨解囊对中国进行援助。1942年，美国派出了史迪威将军来到中国担任中缅印战区美军总司令和中国战区总参谋长等职务，确保滇缅公路的顺畅。这就意味着，中国战场得到了世界反法西斯力量的重视和依赖。

祖国圣洁的领土正在遭受着德国法西斯恶魔野蛮的践踏，崔可夫作为一个军人，不可能无动于衷，他也不安于在中国当一个清闲自在的外交特使，特别是在确定了日本不会对苏联发动进攻之后，他更加认定自己的任务已经完成。所以，归国心切的崔可夫赶忙向上级汇报，表示苏联的军事顾问在中国已经没有太大的存在价值——因为蒋介石已经向美国投怀送抱了。

然而糟糕的是，就在崔可夫回国之前，他在一次记者招待会竟然一不小心说出了“苏联一旦消灭德国便会立即解决日本”这样的话，然后被刊载到了《新蜀报》上，使国内外舆论界一片哗然。于是，苏联方面赶紧发表声明指出此言论完全是记者为吸引读者眼球而编造的假新闻，结果却无法让人信服。在这阴差阳错之下，渴望重回战场的崔可夫终于被召回了苏联。他即将要面对的，是比日本还要强大和凶悍的德国法西斯战争机器！

# 第五章　卫国战争的悍将

# 1. 被硝烟遮蔽的顿河

1942年，是德国法西斯最为猖狂的侵略时期之一，它的军工生产能力达到了相当高的水平，占整个工业的22.5%，其中消费品中的三分之一也为军队所占有。此时的纳粹德国，已经成了一个庞大的、畸形的军事工厂，为它完成称霸世界的野心而不断地储存着邪恶的力量。

同一时期的苏联，也由战争初期的颓势渐渐扭转过来。1942年的上半年，苏联武器弹药的生产总量大幅度提升：步枪和卡宾枪由1941年下半年的1567141支增长到了1943397支，120毫米口径的迫击炮由2315门增长到了10046门，各种坦克由4849辆增长到了11178辆，战斗机的数量也由8200架增长到了8268架……

除了在武器数量上占据优势之外，苏联在武器装备的质量上也进行了技术改革：坦克的装甲加厚了，炮弹的穿透力增强了，自行火炮的射击精度提高了……应该说，此时的苏联已经做好了同德国法西斯决一死战的准备。

1942年，杀敌心切的崔可夫回到了戒备森严的莫斯科。虽然当时德国军队在莫斯科战役中被打垮，向后撤退了100～250公里，但是法西斯瘟疫的威胁依然存在，而且战争狂人希特勒立下誓言要拿下这个让他恨之入骨的“东方帝国”。因此，莫斯科仍然被战争的阴霾所笼罩着，城市的天空中飘浮着防空气球，高射炮整日对准天空蓄势待发。

崔可夫向莫斯科方面汇报了自己在中国的工作，随后便提出了上前线的要求。1942年5月，上级同意了崔可夫的申请，派遣他去图拉地区担任后备军的副司令员。不久之后，斯大林格勒方面军组建完毕，崔可夫的这支后备军便被改编为第64集团军，随即便开赴斯大林格勒。

此时，德军的先头部队已经进攻到了切内舍夫斯卡亚—莫罗佐夫斯克地区，而当时的第64集团军仅仅有3个师到达附近准备迎敌。为了赶时间，苏军连队形都没有组织好就匆匆忙忙地开到了前线。

7月17日，铁木辛哥元帅召见了崔可夫，向他介绍了第64集团军的情况以及对当前战况的分析。由于形势危急，一向以稳重著称的铁木辛哥也催促第64集团军尽快地到达阵地并做好防御。因为在这一天，斯大林格勒战役已经打响了！

7月17日～22日，德军指挥官保卢斯命令他的第6集团军向斯大林格勒发动了猛烈的进攻并打退了苏军第62集团军和第64集团军在奇尔河与齐姆拉河一带的先头部队，让这伙纳粹强盗露出了无耻的微笑。更糟糕的是，第62集团军的右翼在7月23日被德军意外地突破，整个部队就像一个组织缺损的病人似的危机四伏。

鉴于这种情况，苏军派出了被称为“智多星”的华西列夫斯基前往斯大林格勒协助方面军指挥战斗，而铁木辛哥却因为指挥不当而被戈尔多夫代替。

戈尔多夫上任之后，德军已经将第62集团军的两个师团团包围并向顿河逼近，因此他只好将尚未组建就绪的坦克第1集团军和第4集团军投入到战斗中，以此来遏制德军第6集团军的进犯。与此同时，德军为了掩饰自己对第62集团军的进攻意图，使出了“声东击西”的诡计——调动重兵进攻第64集团军的先头部队，借以扰乱苏军的正常判断。

崔可夫到达前线之后，立即对第64集团军的防御状况进行了一番仔细的勘察并做出了战斗部署：步兵第214师、第229师、海军陆战第154旅以及坦克第121旅占领顿河右岸；步兵第112师安排在第62集团军和第64集团军的交会处；海军陆战第66旅和坦克第137旅以及各个学员团被划归为集团军的后备梯队。

1942年7月25日凌晨，崔可夫在回国之后参加的第一场卫国战斗终于打响了！

枪炮声一响，德军对第64集团军的右翼阵地就发动了猛烈的突击，目的是要强渡顿河然后直接插向他们觊觎已久的斯大林格勒。当时，负责右翼阵地防御的第229师遭到了敌人2个步兵师和1个坦克师的扑咬，一时间杀声震天，黑云蔽日。

尽管从兵力上来看德军占据着优势，然而苏军却以5个营的力量与3个师的敌人展开了殊死的战斗，丝毫没有被法西斯野兽的獠牙所吓倒。但是，顽强的苏军在血洒阵地的较量中，终因寡不敌众失去了155高地和第79国有农场。

次日凌晨，德军再次发动了进攻，不仅用火炮猛烈地轰击第229师的阵地，同时还派出了飞机一边咆哮一边轰炸。霎时间，80多辆德军坦克在发动机轰鸣的噪音中，凶神恶煞般地扑向了苏军第783团的驻防地牛奶场。虽然第783团进行了英勇的抵抗，但是在如此悬殊的实力差距下被迫转移，他们的团长牺牲，团政委负伤。

面对这种情况，苏军立即将第804团的2个营投入到战斗中，以此来保护阵地的安全。然而，德军坦克的炮火非常猛烈，似乎能将除空气以外的所有物质瞬间炸碎，致使苏军根本无法堵住缺口，最终无奈地放弃了161和156两处高地。

崔可夫看着来势汹汹的德军，眉头紧皱，拳头攥得咯咯作响，急忙调来近卫迫击炮兵用浓烈的弹幕遏制敌人的攻势。虽然德军在苏军顽强的阻击之下也伤亡不小，但是他们仍然没有停止进攻，在中午时分又增加了2个坦克群冲向了第64集团军的阵地，这样一来，第62集团军和第64集团军的交会处便遭到了即将被分割的危险。

战斗进行到下午的时候，崔可夫调来了海军陆战队第66旅和坦克第137旅组织抵抗，然而坦克在赶到阵地之后燃料居然用尽了，步兵也因为急行军被耗干了体力，成了一支名副其实的疲惫之师。为了守住阵地，崔可夫命令在洛哥夫斯基村休整的10辆KB坦克迅速赶到顿河铁路大桥，用钢铁之躯横在德军的面前，总算缓解了紧张的局势。

可是穷凶极恶的法西斯分子，正在酝酿着下一轮的进攻！

## 2.“决不后退一步！”

虽然苏军步兵第112师冒着敌人的炮火封锁于7月26日晚间时分顺利渡过了顿河，同步兵第229师联系上了。然而遗憾的是，苏军的坦克部队却再次因为燃料问题而未能一起赶到，这就增加了防御的困难。为了解决这个棘手的问题，崔可夫一边从顿河左岸为坦克调运燃料，一边从第66旅中抽调几个步兵营和炮兵营编成步兵第229师的第二梯队，保护步兵第214师和第229师的结合部位。

但是，形势却始终不容乐观。德军为了在26日突破奇尔河并占领旧马克西莫夫斯基等地，乘着苏军坦克第137旅和海军陆战第66旅的增援部队尚未到达之际发动了猛烈的进攻。已经被希特勒培养成杀人机器的德国步兵，握着手中的毛瑟98K步枪、MP40冲锋枪等武器，带着僵硬而可怕的战斗表情凶残地向苏军扑了过去。

为了遏制住敌人的疯狂进攻，苏军第66旅的炮兵在这次阻击战之中发挥了至关重要的作用，他们在敌人的坦克开到距离阵地400～600米的时候一齐发射，立即让德军坦克冒起了滚滚的黑烟，像一只喝醉酒的乌龟在原地打转。不一会儿，德军的飞机又呼啸着向苏军阵地扑了过来，以每20架～25架为一个梯队，不断地轰炸苏军阵地的后方以及顿河和奇尔河的河口一带。

苏军的阵型在敌人凌厉的攻势下开始变得混乱不堪，甚至还有人传出了敌人的坦克已经逼近到了二三公里处的谣言，导致部队纷纷向着渡口仓促地撤退，结果遭到了德军飞机屠杀式的轰炸，苏军的不少军官都在战场上阵亡。

崔可夫见状，马上下令阻止人群向渡口方向涌入，然而由于敌人掌握了制空权而苏军又缺少防空武器，因此到了傍晚时分顿河上的一些桥梁几乎都被炸毁了。于是，滞留在顿河右岸的第64集团军的步兵第214师和2个海军陆战旅都被困在了河岸边上。更让人想不到的是，集团军参谋长诺维科夫和师政委阿布拉莫夫在没有得到崔可夫的同意下，竟然擅自将步兵第214师和2个海军陆战旅等部队带向顿河的左岸企图撤退。

崔可夫得知后惊讶万分，因为他知道没有任何渡口可供苏军使用，这就意味着德军完全能够轻而易举地消灭这些队伍。为了避免重大的伤亡，崔可夫赶紧发布停止渡河的命令，虽然未能全部传达到但总算起到了一定的作用。

崔可夫为了让队伍尽快脱离险境，充分利用现有的渡河工具将部队运送到了顿河对岸。7月27日傍晚，第64集团军防线的缺口基本上都被堵住，而德军也没有采取进一步的行动，只是谨慎地驻守在奇尔河与顿河附近观望形势。

经过这三天的激战，第64集团军相当疲惫，所以不得不将自己的右翼向后撤。不过，德军妄图通过下奇尔斯卡亚一带向斯大林格勒挺进已经不可能。应该说，这次的战斗主要在于苏军未能及时地布好阵形，仓促与数倍于己的敌人作战，这才导致了大量的伤亡。

然而，洞察力极为敏锐的崔可夫也从中发现了敌人的弱点：步兵浪费子弹盲目地射击，火炮和迫击炮的射点混乱，火力缺乏机动性，坦克需要在步兵的配合下才敢进行快速突击……对于德军种种的弱点苏军可以采取纵深防御来化解。除此之外，崔可夫还发现德军在夜间总是在阵地上空放射曳光弹和信号弹，而且他们的车队经常开着大灯大摇大摆地行驶，所以侦察他们的动向易如反掌。

7月28日，崔可夫在回到方面军司令部之后，因其撤离顿河的行动引起了戈尔多夫的不满，所以他在面见崔可夫的时候大发雷霆。紧接着，崔可夫就被舒米洛夫少将顶替了第64集团军指挥官的头衔。幸亏到了8月，最高统帅部将人缘不好、性格乖张的戈尔多夫解除职位，这才让崔可夫轻松了一些。

德军在顿河遭遇到苏军的顽强抵抗之后，希特勒马上对原来的部署重新进行了调整，将哥特将军的坦克第4集团军抽调出来然后加入到B集团军当中，意图就是让B集团军从南面向斯大林格勒进攻，以形成两面夹攻之势。

相比之下，此时德军的正面仅有苏军第51集团军（包括5个缺员师）分散防御在长达200公里的土地上。为此，斯大林在7月28日发出了第227号命令，指出了苏德战场南部的危险状况并要求苏军粉碎敌人的进攻，保卫祖国和人民的安全。在领袖发布完命令之后，每一位苏军士兵都把“绝不后退一步”刻在了枪托上、刺刀鞘上、水壶上……把它当作自己至死捍卫的座右铭。

8月1日，德军在毫无悬念地突破了苏军第51集团军的防线之后，占领了列蒙特纳亚，同时向科捷尔尼科沃推进。于是，斯大林格勒方面军的右翼逐渐被德军合围。

而这时的崔可夫则被舒米洛夫派到了南部阵线去视察敌情，他在上雅布洛哥内村和科捷尔尼科沃进行了侦察之后，发现敌军的先头部队已经逼向了阿克赛河并正在进攻阿伯加涅罗沃和普洛多维托耶。为了做好防御，崔可夫调动了4个师又2个旅，建立了“崔可夫战役集群”。随后，他向斯大林格勒方面军汇报了南部阵地的情况。方面军命令崔可夫重新组建被敌人打散的第208师，迎接更为残酷的战斗。

德军的第4集团军从科捷尔尼科沃向斯大林格勒日渐逼近，第64集团军立即转向南方负责防御，而“崔可夫战役集群”则掩护第64集团军充当机动部队。

8月5日清晨，德军派出飞机对阿克赛河一带的苏军第29师进行了狂轰滥炸。同时，南线的德军也从科捷尔尼科沃进攻斯大林格勒。崔可夫将这个情况向上级反映之后，司令部立即命令他务必要集中全部力量死守阿克赛河沿岸。于是，崔可夫马上检查了部队的火炮和迫击炮的准备情况并派出侦察队时刻警惕着敌人的突袭。

到了傍晚，敌军开始向着库罗帕坚科和柳德尼科夫2个师的结合部进攻。像往常一样，德军先是采用飞机轰炸然后火炮轰击的办法，接着再派出步兵和坦克进行冲锋。崔可夫经过仔细的观察，发现敌人在波波夫山谷里聚集了大量的步兵、炮兵以及装甲车辆。于是，他命令炮兵在拂晓时分瞄准这个地方进行猛烈的轰击，让德军遭受了从天而降的“上帝式的惩罚”，由此破坏了其在8月6日清晨发动进攻的计划。

然而在8月7日的时候，不甘受挫的德军又一次发动了进攻并在中午时分就向第64集团军的阵地推进了大约6公里。本来，崔可夫打算在日落前进行反击，可是德军已经在斯大林格勒的外围突破了第64集团军的防御同时还猛烈攻击第62集团军，所以这个计划必须做出调整。为此，叶廖缅科元帅命令全部预备队对已经突入第64集团军阵地的敌军发动反击，经过一番苦战终于肃清了斯大林格勒外围的防线，没有让德军轻易地进犯这座城市。

## 3. 兵临城下

8月17日，方面军撤退到了梅什科瓦河一带。当德军发现苏军这一动向之后已经晚了一步，所以便改向第62集团军右翼的韦尔佳奇—科特卢班—斯大林格勒一线以及第6集团军左翼的普洛多维托耶—通杜托沃—斯大林格勒一线发动猛烈的攻势。

在接下来的一连串战斗中，由于苏军顽强的反抗，德军的推进速度被大大延缓了，每天只能前进1公里左右，每个小时也就只有100多米的“战绩”，成了一支善于慢跑的“蜗牛部队”。希特勒面对这种情况，采取了德军最擅长的战法——钳形攻势，试图突破苏军四面的防线进而从南面攻入斯大林格勒。于是，保卢斯的第6集团军调集了9个师的兵力在顿河小弯曲一带上岸，然后从西北方向突进斯大林格勒。

与此同时，哥特将军的坦克第4集团军也调动9个师的力量从阿布加涅罗沃和普洛多维托耶方向向北突进，在8月21日的时候嵌入到了第57集团军和第64集团军结合部的15公里处。这一次大规模的进攻，德军一共调集了21万人，2700门火炮和迫击炮，600辆坦克以及1000多架飞机。

由于伏尔加河危在旦夕，叶廖缅科从第62集团军和坦克第4集团军中抽出了4个近卫迫击炮兵团和4个反坦克歼击炮兵团并连同第56

旅一起协助第57集团军，成功抵御了哥特集团军的攻势，但在其他方向上却无法给予德军更大的杀伤。

斯大林格勒在8月23日进入到了最危险的时刻，苏军第62集团军被德军突破了其在比斯柯瓦特卡和韦尔佳奇一带的防线。很快，敌人的3个步兵师、2个摩托化师以及1个坦克师从这个被打开的缺口迅速扑向了伏尔加河。

与此同时，德军还派出了2000架次的轰炸机进行轰炸，将斯大林格勒置于纷飞的战火当中——这是自德国进攻苏联以来轰炸得最猛烈的一次。希特勒之所以耗费如此多的炸弹和燃油，就是要给苏联军民制造出一种恐怖气氛，进而瓦解苏军的士气。

不过，斯大林格勒的军民并没有屈服于德国法西斯的淫威，他们在军事委员会和城市党组织的号召下，组建了一个又一个的城市街垒，如“红十月”工厂发电站、拖拉机厂等。工厂里的工人一边汗流浃背地生产武器，一边负责工厂的保卫工作。无论老人、妇女还是少年，都参加到了保卫斯大林格勒的战斗中。

在苏联军民顽强的抵抗之下，德军的铁蹄停在了雷诺克—斯帕尔达诺夫卡—奥尔洛夫卡一线的防御阵地，难以前进半步。即便是向前挺进一米，也要让这群流着口水的豺狼付出等值的代价。德军指挥官保卢斯承认，自己还从未遇到过如此顽强的对手，即便是一个普通的、没有受过军训的苏联市民，也会英勇地战死在自己坚守的阵地上。

值得一提的是，在斯大林格勒以西40公里处的小罗索什基地区，第62集团军步兵第87师的33名战士创造了一段战场传奇，他们竟然在没有粮食和水的条件下，打死了150个敌人并击毁了27辆坦克！当然，类似这样的事例还有很多，难以一一列举。

在南面战场，耀武扬威的德军同样损失惨重，不过却把苏军的阵地一分为二，致使伏尔加河的航运出现了中断。糟糕的是，第62集团军和第64集团军被敌人包围了。希特勒听到这个消息后，眉开眼笑地认为德军拿下斯大林格勒指日可待，于是下令保卢斯和哥特要在8月25日攻下这座城市。

正如1941年的莫斯科一样，斯大林格勒成为了决定苏德战争走向的关键点，不仅整个苏联为之牵动，全世界都将目光锁定在了这座战火纷飞的城市。苏军为了保住它，从8月1日到20日，向斯大林格勒增派了15个步兵师和3个坦克军，然而因为铁路的运输能力不足最后只有5个步兵师在预定的日子到达了卡查林斯卡亚一带，而其他的坦克部队至少要在23日才能赶到斯大林格勒附近。

另一方面，德军的坦克第4集团军在遭遇了重大损失之后，终于改变了原来进攻伏尔加河的计划，而是在8月27日和28日的时候，向战线中部的卡普金斯基和阿布加涅罗沃一带调动了3个师外加罗马尼亚的2个师。苏军在觉察到这个情况之后，随即让第62集团军和第64集团军前往奥尔洛夫卡以及雷诺克等地布设好防线。

第64集团军在渡过切尔夫连纳亚河之后，马上组织了防御，然后同第62集团军进行会合，这就让德军打消了对其进行突袭的念头。与此同时，斯大林鉴于斯大林格勒形势危急，便将素有“救火队员”之称的朱可夫召回到了莫斯科担任副最高统帅。

9月2日，穷凶极恶的德国法西斯开始了一番毁灭性的轰炸，目标直指苏军的后勤设备、炮兵阵地以及通讯枢纽。中午时分，崔可夫的指挥所遭到了敌人的轰炸，炸弹将附近的土全部炸上了天，连同崔可夫也一起抛了出来，幸而未受伤。于是，崔可夫赶紧命令指挥部进行转移，然而在途中还是遭到了德军飞机的追踪——接连扔下了12颗炸弹，好在苏军的汽车左躲右闪，终于逃过了一劫。

战争的形势不容乐观，此时的第62集团军和第64集团军都遭到了敌人猛烈的进攻，因此不得不向后撤退。在撤退的过程中，苏联军民带走了一切可以带走的东西，实行了坚壁清野的策略，不给法西斯强盗留下任何东西。

斯大林格勒形势的恶化，引起了统帅部的高度重视。为此，斯大林致电朱可夫，命令他必须要调动斯大林格勒北部和西北部的各个部队对敌人进行反击。从9月5日开始，朱可夫号令近卫第1集团军、第24集团军以及第66集团军发起反攻，然而经过了7天的苦战却没有取得明显的效果。与此同时，城北的苏军也与德国法西斯进行了艰苦的血战，最终还是未能向南部推进多远。

9月12日，朱可夫和国防委员会代表马连科夫向统帅部报告了前线的战况，也分析了本阶段作战失败的原因——兵力不足、火力不强、准备不够。到了第二天，苏德两军争夺斯大林格勒的战斗又进入到了新一轮的惨烈较量之中。

为了能够尽快攻下斯大林格勒，德军从高加索一带调来了9个师，加上原有的部队其总兵力达到了70多万人、坦克500辆、火炮1700门。而苏联此时只有4个集团军，并且每1个师都严重缺员，最少的居然只有800人。除此之外，苏军的武器装备也毫不占优势，特别是空中力量方面，德国的轰炸机给苏军带来的几乎是致命的威胁。

作为一个对军事作战理论有着充分研究的人，崔可夫也在战斗中渐渐摸清了德军的战术原则：他们通常在进攻时采取两个楔子插入苏军防御地带随后再寻求汇合点的方式，以此给对方造成要将其合围的假象从而逼迫其撤退。

崔可夫认为，这种“钳形攻势”虽然看起来比较可怕，但是只要消灭或阻断其中一个楔子的插入，就可以让另一个楔子无所作为，反而被苏军牢牢地牵制。另外他还发现，在具体的战术中，德军经常采用飞机轰炸——坦克冲锋——步兵进攻的原则，虽然看起来极具杀伤力和威慑力，但是只要打乱其中的顺序，使其不能首尾相顾，就会顺利地瓦解敌军。

还有一点值得注意的是，德军士兵通常在距离苏军1公里的地方就习惯性地用冲锋枪进行扫射，因为他们非常害怕苏军的反冲锋。不过德军的优势在于，他们配备了无线电台，随时可以保证各部队之间的联络，让步兵、坦克和飞机之间的通讯非常顺畅，能够标明部队和阵地的准确方位。

相比之下，苏军在通信技术方面却显得十分薄弱，基本上配备的都是有线电话，所以经常会出现信号中断等问题，在广大的战场上是非常落后的。

德军在付出了极大的代价之后，终于打进了斯大林格勒的市区，因此第62集团军情势极其不妙。第62集团军的司令员洛帕京中将开始怀疑部队能否守住斯大林格勒，而他的这一消极思想很快遭到了苏军统帅部的谴责并将其调离，让有胆有谋的崔可夫替任。

崔可夫明白自己肩负的重任：德军目前兵临城下，千方百计地想要攻下斯大林格勒这座带有标志意义的城市，如果这里失守了，那么整个苏德战场的形势将会继续恶化，甚至还会影响到世界抗击法西斯恶魔的信心。因此，崔可夫在自己的任职誓言中说道：

“我们不能把城市交给敌人，斯大林格勒对我们全体苏联人民至关重要。这个城市的失守将挫伤人民的斗志。我将采取一切措施守住城市。现在我不提任何请求，但在研究城市形势之后，我将请求军事委员会给予援助，而到时请帮助我。我发誓绝不离开这座城市，我将采取一切办法坚守。我决心要么就守住城市，要么就战死在那里！”

# 4. 血战马马耶夫岗

收拾好衣物等一切必需品之后，崔可夫于9月12日渡过了伏尔加河，进入到了斯大林格勒的市区。当他的双脚踏在这片焦土上时，看到了一片肃杀残破的景象：散布着死亡气息的街道，化为灰烬的木屋，遍地呻吟的伤员，流离失所的百姓……这一切顿时跃入他的眼中，于是他暗暗发誓一定要将德国法西斯赶出这里，还斯大林格勒原有的宁静与和平！

在崔可夫看了一眼这座城市之后，便赶到了第62集团军的指挥所马马耶夫岗。这个指挥所设在一个避弹壕里，非常不安全，一侧是土凳，另一侧是土坑和土桌。掩蔽部里当时有两个人，一个是克雷洛夫将军，一个是值班的电话员叶琳娜。崔可夫在掏出介绍信表明了自己的身份之后，便和克雷洛夫将军谈起了战况。后来，崔可夫和克雷洛夫成了生死至交，这段友谊一直保持到1972年对方去世。

9月12日，德军的第6集团军和坦克第4集团军向第62集团军发动了进攻，他们不仅有上千架战斗机的支援，而且还包含了9个拥有着加强武器的战斗师。在这种强大的攻击力之下，德军的部分军队已经在斯大林格勒以南和普诺克以北的库伯罗斯诺耶一带进入了伏尔加河，以U形攻势从正面和两翼将第62集团军向伏尔加河逼近，目的是为了将苏军赶到河里去。

相比之下，第62集团军的力量要差很多，部队缺员的现象十分普遍，甚至有的坦克旅竟然没有坦克，而即便有坦克的部队，还有不少是失去机动能力的，只能作为一个“钢铁碉堡”使用。更糟糕的是，第62集团军联系不上友军，无法进行必要的战场配合。

此外，在敌军强大的空军火力覆盖之下，损失了多门高射炮的苏军只能疲于应付，其飞机出动的架次仅仅为德军的十分之一，很难组织起有效的反抗。为了减少敌机的威胁，崔可夫尽可能地缩短和德军之间的距离，这样德国飞行员就不会冒着误炸的风险投弹了。

在种种不利的情况之下，苏军士兵的士气也大大受到了影响，一些指战员也缺乏同德军进行持久战的心理准备，甚至想要尽快地撤到伏尔加河对岸。为此，崔可夫一边请求方面军进行增援，一边发布了动员令，号召士兵坚守自己的阵地，不得擅自撤离。

另外，崔可夫还对部队进行了整编，将那些名存实亡的建制合编，加强战斗力。同时，他还命令士兵加固反坦克的防御工事并对一些必要的城区建筑物进行改造，做好了进行巷战和街垒战的准备。

9月13日拂晓，德军的一个步兵师和四五十辆坦克向马马耶夫岗以及中央车站发动了出其不意的偷袭，惊醒了还在睡梦之中的崔可夫。顿时，第62集团军的两翼都遭到了敌人的啃咬。这一次，为了尽快拔掉驻守在伏尔加河岸的这根“眼中钉”，德军投入了大血本，用密集的火炮轰击着苏军的阵地并不断地增添预备队。

在空中，德军的战斗机在绝对优势的情况下横行肆虐，向苏军阵地不断地倾泻着滚烫的炸弹，让战场硝烟滚滚，火光一片。第62集团军的通讯时常被破坏，崔可夫几乎和司令部无法取得联系。与此同时，在中线位置防守的苏军伤亡惨重，被迫撤向了巴里卡德村一带，德军则乘势占领了126.3高地以及阿维阿戈罗多克一带。在通信兵的百般努力之下，崔可夫勉强和方面军通上了电话，请求调集2～3个新锐师援助。

不过在援兵到达之前，崔可夫只能依靠现有的力量组织抵抗。9月13日晚11点30分，他命令部队发动突然的反击并将指挥所转移到了察里察河谷的一个坑道当中。次日凌晨，第62集团军在崔可夫的号令之下奋勇杀向了德军阵地，同时请求空中部队进行支援。很快，方面军告知崔可夫，已经将统帅部预备队的近卫步兵第13师调配给他。

但遗憾的是，崔可夫的这一次反攻并没有得到预期的收效，面对德军猛烈的阻击，苏军只能撤退。崔可夫为了保障中央渡口的安全，把一个坦克旅调到了指挥部附近负责防卫，同时又让克雷洛夫从司令部和警备连里抽调出人力建成两个组，加大阻击敌人的强度。经过这些安排和部署，苏军终于确保了码头的安全并掩护着近卫步兵第13师渡河。

虽然崔可夫盼来了援军，可惜这个第13师只有1万人，武器装备很差，大概有1000多名士兵没有步枪。崔可夫在了解这个情况后，马上命令其他部队调配武器给第13师使用。然而此时距离第13师全员渡过伏尔加河还有10个小时，苏军很难抵挡德军的进攻。

就在这时，负责进行反冲击任务的混编团的大部分指挥员接连阵亡，导致部队群龙无首陷于混乱当中。更糟糕的是，第62集团军已经没有了预备队，而且城区中的不少防御工事有25%～30%是纯粹的土木结构，根本不能作为可靠的火力点，无法抵御德军的进犯。于是，崔可夫将各个要塞和防区的武装警卫队调到前线，在市中心一些比较结实的防御工事中固守并命令他们一定要坚持到最后。

战斗持续了一天之后，德军蜂拥而至马马耶夫岗，朝着中央车站一带张牙舞爪地扑了过来。由于苏军防御战线长而人数少，所以部分的防区很快就被敌人贯穿，致使一些德军的冲锋枪手进入了市区。到了夜间时分，崔可夫觉得再向方面军求援已经是不现实的事情了，所以他只能依靠目前仅有的力量与敌人周旋。这时，第13师的三个团和一个营已经渡过了伏尔加河，随后赶到了市中心一带组织防御。

9月15日拂晓时分，德军在大批战斗机的掩护之下，分别向马马耶夫岗和米宁城郊一线发动了进攻，顿时让两军进入到了惨不忍睹的浴血搏杀之中。战斗最为惨烈的要属车站附近和米宁城郊，苏德两军为了争夺一个车站全力地厮杀致使车站四次易主，最后在夜间重新被苏军抢了回去。

然而苏军的其他部队则遭到了不同程度的打击，纷纷向着城西和察里察河以南的方向转移。此时此刻，崔可夫最担心的就是马马耶夫岗，因为它一旦被敌人夺走，将会让苏军失去对斯大林格勒和伏尔加河的控制权。崔可夫在认真地思索了一会儿之后，下令让叶林上校的第39团火速渡过伏尔加河前去保卫马马耶夫岗。

两天的战斗让第62集团军损失惨重，也给了德军以沉重的打击——伤亡将近1万人，坦克被击毁54辆。因此，遭遇了严重挫折的德军猛然意识到，单凭强攻是很难拿下斯大林格勒的。对于苏军而言，在破烂的废墟中打击敌人比在空旷的平原更加有效，因为敌人强大的火力在巷战中难以发挥作用。

到了9月16日和17日，德军对第13师和步兵第42旅的中心地带发动了进攻，叶林指挥的第39团在16日终于夺回了马马耶夫岗。为了占领这个战略要地，德军不断地进行火炮轰击和飞机轰炸，几乎将马马耶夫岗翻了一遍土，掀起了一阵又一阵的人造沙尘暴。发生在马马耶夫岗的残酷战斗，一直持续到1943年1月。

虽然苏军顽强地与德军进行着周旋，然而斯大林格勒始终处在危机当中。崔可夫和他的战友们，能否信守誓言，守住这座被野兽围困的城市呢?

# 第六章　鏖战斯大林格勒

# 1. 危在旦夕的城市

除了马马耶夫岗是苏德两军重点争夺的对象之外，斯大林格勒市区的专家楼也成了双方反复抢夺的目标。只要苏军的火力稍稍减弱一些，德军就马上反扑过来。在苏维埃大街的一幢四层楼上，一位名叫巴甫洛夫的战士和他的组员们一起坚守了整整两个月的时间，消灭敌人一百多个，成了阻击敌人进攻伏尔加河的重要屏障。时至今日，这座英雄楼上仍然留着当年被炮弹炸掉的一半的烟囱并被命名为“巴甫洛夫楼”。

在斯大林格勒战役中，巷战成了一种特殊的敌我对抗形式。准确地说，这种在城市中进行的战斗不单纯是力量的对抗，更是一种智慧和技能的比拼。由于在城市中存在着大量的建筑物，因此任何在平原上猛烈的进攻都会被阻挡或减弱，无形中将队伍截断。

因此在巷战中，平时一个不起眼儿的建筑往往就成为苏德两军争夺的焦点，无论在市区还是在村庄都上演了反复争夺控制点的大战。一座普通的粮仓，往往会在枪声中持续好几天，而负责驻守的士兵也许仅仅是几个人就能给对方带来极大的麻烦。

此外，苏军在战斗中能够用火炮、炸药、手榴弹以及刺刀相结合的方式给敌人以重创，并且在近战的过程中避免了敌机的轰炸，从而减小了德军的优势。在这种斗争环境中，德军越来越害怕近战，往往通过盲目的扫射来为自己增加勇气，而隐蔽起来的苏军则通过刺刀就可以轻而易举地消灭一个敌人。

更让德军尴尬的是，在旷野中横行霸道的坦克，也在狭窄的街道中毫无用武之地，成了一个个可怜的钢铁废物。苏军对付坦克的办法是，先将其和步兵分割开来，然后使用黏性炸弹或者反坦克枪、火箭炮等武器对其杀伤。这样，离开了步兵的坦克和离开了坦克的步兵都变得孱弱不堪，难以挪动一步。到了夜晚时分，苏军占据的优势更大，因为这时德军的飞机无法发挥作用，因此苏军士兵们可以尽情地痛击法西斯侵略者而付出很少的代价。

值得一提的是，苏军在这一时期涌现出了很多优秀的狙击手，如大名鼎鼎的瓦西里·扎伊采夫等，他们如同幽灵一般穿行在斯大林格勒的每一处角落：砖块堆、仓房、居民楼……都是他们隐藏自己杀伤敌人的绝佳场所。狙击手们一旦确定伏击地点之后，就将自己巧妙地伪装起来，然后耐心地等待着目标，在关键时刻扣动扳机给敌人致命的一枪。

第62集团军就是在这种严酷的战斗环境中与敌人英勇地周旋着，特别是第13师的激烈反击，将德军攻占市中心的企图彻底粉碎。因此，德军在初期进攻不利的情况下，又加大了兵力对第62集团军的左翼发动了猛攻。由于崔可夫没有预备队可以使用，所以他不得不向方面军请求调派两三个师进行增援。最后，方面军根据市区的战况，决定将步兵第92旅配属给崔可夫。

苏军的近卫第1集团军、第24集团军以及第66集团军为了协助第62集团军进行反击，在斯大林格勒以北的方向组织了几次反攻。到了9月18日，德军再次对第62集团军发动了狂轰滥炸，特别是对马马耶夫岗和车站进行了重点轰击，妄图一举夺占这几处要地。

然而奇怪的是，在上午8时，嗡嗡作响的敌机忽然消失不见了。久经沙场的崔可夫立即意识到，北面的苏军一定进行了反击所以才吸引了敌人的注意力，于是他马上命令部队协助友军进行反击，抢占了好几处高地，然而车站却被德军再次抢到了手中。

在同德军进行巷战的过程中，崔可夫总结了一些经验。他要求各级指战员在战场上采取灵活应对的措施，不要一味地死守条例和制度，充分发挥主观能动性，寻求一切可以歼敌的机会和手段。另外，崔可夫还建议各个战斗小组可以根据实际需要建立起一种新的战术单位——“单人堡垒”。在这种战术思维的指导下，苏军给德军出其不意的打击，效果显著。

与此同时，德军也倾其所有阻止苏军渡河，以此来减少对方在城区内的防御力量。从白天到夜间，德军除了采用飞机轰炸之外，还动用了大量的火炮和六管火箭炮对伏尔加河的码头以及通向码头的道路进行肆无忌惮的轰击。这样一来，第62集团军的补给问题就相当严重，因为只有在夜间将军用物资送到市区才能保证部队第二天的进攻不会中断。

9月20日，崔可夫指挥部队在奥尔洛夫卡和雷诺克一带对敌人进行反击。同一时刻，德军的自动枪手也悄悄地渗入到师指挥所和中心渡口一带，伺机对重要目标进行猎杀。为了消除这些隐患，崔可夫调来了叶林的第39团去协助第13师保卫中心码头。可是，崔可夫的这个举动让德军猜出了含义，于是出动大批飞机前去拦截，导致叶林的部队未能及时赶到码头。

崔可夫见状，马上命令炮兵对德军进行轰击，然而收效甚微。德军为了达到目的，继续组织对第13师的全力进攻并企图将其进行分割包围。当时，负责防御车站的第42团1营在缺少补给的情况下和德军激战了7昼夜，终于击退了敌人的进攻，不过这个营包括营长在内的大部分士兵都为国捐躯了。

德军在遭遇了这一系列的挫败之下，勉强进入了第二堤岸街，将苏军步兵第92旅和第13师之间的联系从中割裂并破坏了渡口。至此，崔可夫的部队被敌人彻底地截断，导致各部分互不相连。苏军统帅部为了解决这个问题，在城区的北部发动了几次反冲击。然而由于德军重兵压境，遏制住了苏军的反攻。

此时，苏军的后勤保障遭遇到了严峻的考验，崔可夫见状立即建立了3个码头和3条横跨伏尔加河的水路交通线。这样一来，苏军的舰队就能够为部队及时地输送物资，确保了补给不中断。

为了斩断苏军集团军主力和第13师的联系，德军在9月22日派出了大批飞机、坦克和步兵轮番地攻击苏军阵地，在下午突破了多尔吉峡谷并占领了广场，同时还包围了近卫步兵第34团的指挥所。尽管部分阵地被苏军夺了回来，但是也付出了相当大的代价。更为不利的是，德军的后备力量源源不断地涌入，迫使第62集团军只能后退。9月23日，崔可夫为了延缓德军在河岸一带的攻势，派出了巴秋克师压制住了德军突袭第62集团军的计划。

随着战局的渐渐扭转，崔可夫也知道自己的部队面临的危机正在慢慢解除，因为德军没有从根本上破坏苏军的防御，相反却屡受挫败，损失不小。值得赞扬的是，无论形势多么危急，崔可夫和他的指挥团队从来没有产生后退到伏尔加河对岸的念头，因为他比任何人都清楚这样做会对士兵产生非常恶劣的消极影响。

9月24日夜间，斯大林格勒往常的枪炮声渐渐熄灭，电台也发出通知，宣称伏尔加河仍然在苏军手中，而妄图占领它的法西斯分子却遭到了大量的杀伤。尽管如此，希特勒仍然不放弃占领斯大林格勒的念头，他置士兵的性命于不顾，把一批又一批的年轻战士推向了这个不断地吞噬着生命的城市。

的确，斯大林格勒的每一间房屋，每一条铁路，每一堵墙，甚至每一处瓦砾堆，都能成为让人丧命的坟墓。苏德两军几乎是脸对脸地交织在一起，转身之间就可能遭遇对方。当然，坚守在这里的苏军更加熟悉地形，也懂得利用屏障同武装到牙齿的敌人进行殊死的搏杀。

9月25日，德军向着戈罗季谢、拉兹古利亚耶夫卡一线组织进攻，为此第62集团军马上加强马马耶夫岗和梅切特卡河一带的防御阵形，然而一些部队由于武器装备损坏导致被德军强突。崔可夫闻讯，下令坦克第23军和步兵112师对德军进行反冲击并采用密集的火炮轰击攻击德军的坦克和步兵队伍。然而不妙的是，德军很快就进犯到了马马耶夫岗的西、南两面，如果再向前推进100米就能攻取这个控制着整个城区的要地。

9月27日，崔可夫在第64集团军的战略配合下发动了反冲击，与此同时德军也出动几百架战斗机阻击苏军的行动。一直被敌人垂涎三尺的马马耶夫岗，再次经受了炮火撕咬的考验，设置在这里的指挥所也受到了严重的损坏。到了夜间，德军在某些地段已经推进了大约3公里，大有不把苏军赶下伏尔加河就誓不罢休的气势。崔可夫在形势不断恶化的情况下，严令各个防区的部队必须坚守阵地，直至弹尽粮绝。

由于德军占领了马马耶夫岗的一个三角点，直接威胁到了顶峰的安全，因此崔可夫在9月28日再次发布了动员令，坚定战士们誓死捍卫阵地的信心。值得一提的是，城区的市民们对第62集团军进行了全力的支援，他们凭着一颗颗爱国之心，与这些职业军人并肩作战，在同一条战壕中抗击德国法西斯。

## 2. 抵挡日耳曼狼群

从9月26日到28日，崔可夫的部队都在自己的防线内同德军进行着浴血拼杀，哪怕是一条堆满了炉灰渣的沟壑，也洒满了战士们的鲜血。9月30日，苏军面临着德军又一次疯狂的进攻，步兵第315师、摩托化步兵第115旅以及第2旅都遭到了敌机的轰炸和猛烈的进攻，伤亡均比较惨重。

此次德军的目标仍然是重镇奥尔洛夫卡，因为它直接威胁着德军在伏尔加河边拉塔尚卡一带的安全，一旦第62集团军和北方的突击群会合将会分割德军并包围其左翼部队。为了抵御德军的强势进攻，崔可夫调动了两个营去驰援，却未能挡住敌人。当时，被围在奥尔洛夫卡西面的苏军只有500人，战斗到10月7日的时候只剩下220人。与此同时，德军还在维什涅瓦亚山谷、多尔吉冲沟以及红十月镇公墓一带以步兵和坦克对苏军发起了攻袭。

为了抵御德军的进攻，崔可夫先是将坦克第23军的司令部撤到了伏尔加河的左岸重新组建，然后让前来支援的近卫步兵第39师在“红十月”工厂的车间里建立防御工事，增加火力点。然而在10月14日的时候，希特勒下令除了斯大林格勒方向之外，整个苏德战线都要转入到战略防御阶段，这也就意味着敌人离失败近在咫尺。

尽管德军败象已露，但是斯大林格勒的局势还是不能盲目乐观，因为德军仍然在加大进攻的力量，在10月份一共纠集了9万人、300辆坦克连同2300门火炮。相比之下，崔可夫的第62集团军在连续的战斗中损兵折将，目前仅剩下55000人、80辆坦克以及火炮1400门，情况堪忧。

德军在10月14日发动了自进攻斯大林格勒以来最猛烈的一次进攻，其坦克第14师、步兵第305师以及第389师倾巢出动，扑向了捷尔任斯基拖拉机厂，其中包括2000架次的飞机的残酷轰炸，而当时负责防御拖拉机厂的苏军仅有一个师。

10月14日的斯大林格勒，天空中游荡着嗡嗡作响的俯冲轰炸机并伴随着由高射炮打出来的曳光弹，到处都是滚滚腾起的浓烟，随处可见熊熊燃烧的烈火，第62集团军的指挥部在震耳欲聋的颤动中发布着命令。





德军在猛攻拖拉机厂的同时还将莫克拉亚梅切特卡河以及硅制品厂当作进攻的目标，不断地攻击和轰炸苏军的所有渡口，甚至在夜间也不停息。对于苏军来说，如此强悍的进攻在这之前是未曾预料到的，所以在战斗打响之后各部队都被置于战火之中。第62集团军指挥部的两个掩蔽部被炸坏，通讯也被迫中断，而德军的坦克竟然开到了距离指挥所仅有300米的地方，致使集团军的司令部警卫连都加入了战斗，牺牲了30人。

形势似乎还在不断恶化，10月15日，德军从四个方向包围了拖拉机厂，同时又继续加强对伏尔加河一线的进攻。北集团军经过殊死的抵抗，让德军将其围死的计划彻底破灭。到了10月16日，德军集中了3个步兵师和2个坦克师再次向伏尔加河以南地区发动了进攻，试图冲散第62集团军的阵形。虽然德军依旧占据着明显的优势，然而在苏军伏尔加河区舰队、强击航空兵以及炮兵的配合下遭到了痛击。

从10月18日到22日，德军接连进犯街垒工厂以及红十月工厂等地，到了24日则占领了“街垒工厂”的西南部和中部并靠近了红十月工厂。虽然这群疯狂的法西斯分子玩命地投入兵力，然而却也因此耗尽了精力。虽然德军在10天的战斗中分割了第62集团军，却没有给其造成实质性的伤害。一名德国上等兵瓦尔特回忆说，斯大林格勒是一个有着新式武器的“红色凡尔登”。

由于进攻不顺，德军放弃了通过夜战打击苏军的形式，而是采用了日间攻击、晚间休息的办法，一度打到了距离伏尔加河仅有300米的地方。为了遏制住敌人的进攻，崔可夫将手中仅有的一个营增派到了红十月工厂，对汹涌而来的德军进行了激烈的还击，缓解了第62集团军承受的压力。

就这样，当斯大林格勒的战斗进入到了11月之后，希特勒妄图将其攻下的罪恶幻想更加强烈起来，他觉得如果不能拿下这座他曾经发誓要在地图上抹掉的城市的话，将会让其领袖的尊严消失殆尽。

11月11日，保卢斯以5个步兵师、2个坦克师和2个工兵营的兵力对正面的第62集团军发动了最后一次的进攻，希冀一举消灭掉这个既顽强又可怕的对手。虽然德军这一次的进攻让其推进了约400米的距离，但都是拿鲜活的生命和昂贵的武器弹药换来的。此时的苏军尽管还在招架着敌人的强攻，但是任何人都很清楚，这种规模的进攻德军已经消费不起了。

11月18日，一个伟大的时刻终于到来了——崔可夫被方面军告知要对德军进行总反击，这也就意味着斯大林格勒战略防御阶段结束了！至此，苏德战场的形式发生了根本的变化，卫国战争也由此步入到第二个阶段——战略转折。

## 3. 誓与此地共存亡

在整个斯大林格勒战役当中，德军为了攻下这座英勇顽强的城市，一共调集了50个师，进攻长达4个月之久，伤亡达到70万人，各种火炮损毁2000多门，飞机损失1400多架，坦克和强击火炮被摧毁1000多辆。可以说，法西斯付出了极大的代价，然而却未能撼动斯大林格勒。

11月19日，斯大林下令围歼斯大林格勒附近的德军主力，为了确保完成这个任务，苏军一共调集了3个方面军约110万人，各种火炮1.55万门，坦克和自行火炮1463辆，飞机1350架。德军的B集团军，此时尚有100万人左右，各种火炮1万门，坦克和枪机火炮675辆，飞机1216架。

尽管德军在兵力上并没有与苏军相差太多，但是他们无法获知苏军下一步的主攻方向在哪儿，更无法确定苏军发动反攻的具体时间，所以只能采取消极防守的办法。然而正是德军的坐以待毙，让他们尝到了失败的滋味。

1942年11月19日早上7点30分，斯大林格勒的西北部，苏军的西南方面军和顿河方面军的上千门火炮同时发射，足足持续了80分钟。随后，苏军在大量坦克的掩护下分成两路，朝着力量较弱的罗马尼亚第3集团军冲了过去，很快就打破了敌人设下的屏障。到了11月23日，西南方面军夺取了卡拉奇并围歼了罗马尼亚第3集团军的第4和第5军，抓获俘虏27000人。

当希特勒得知苏军反攻的消息之后，叫嚣着绝不离开伏尔加，可正是他的这种固执为德军招来了灭顶之灾。

11月20日，斯大林格勒方面军的第51集团军、第57集团军以及第64集团军的左翼部队在贯穿了德军的防线之后在23日与西南方面军坦克第4军在苏维埃茨基一带合围了德军第6集团军和坦克第4集团军的33万人。与此同时，西南方面军的近卫第1集团军、坦克第5集团军以及斯大林格勒方面军的第51集团军在顿河、奇尔河一带组成了长达500多公里的合围。

11月24日到30日，斯大林格勒方面军与顿河方面军对德军发动了无情的反攻，让这些曾经不可一世的部队被挤压在1500平方公里的地区不得施展。

尽管苏军大部队发动了反攻，然而第62集团军的形势仍然不容乐观，他们被压缩在伏尔加河沿岸一带，随时都有可能遭受到德军火炮的攻击，甚至连机关枪都能够扫射到很深的防御线之内。除此之外，第13师也被挤压在伏尔加河沿岸的狭长地带，马马耶夫岗的一处高地和一个水塔也被德军控制，钳制着苏军的补给运输。

为了缓解被德军压制的状况，崔可夫一边下令部队对进犯的德军予以坚决的回击，一边调集部队夺回马马耶夫岗的107.5高地，减少德军的火力威胁，同时确保伏尔加河一线的安全。然而由于第62集团军已经精疲力竭，所以其反击的力度还不能给敌人造成实质性的伤害。不过在这种以攻为守的策略下，崔可夫的部队总算减轻了一些压力。

此时此刻，最令希特勒担心的自然是那被围困住的33万德军，保卢斯为了让这支队伍存活下来，不断地请求德国空军空投物资，可是要养活33万人至少每天要投放750吨的物资，然而德军当时的空运能力根本无法满足这么庞大的数量，加上苏联恶劣的天气，更是给空投增加了难度。

为了解救被困的德军，希特勒在11月25日将曼施坦因从列宁格勒调到斯大林格勒并为他组建了顿河集团军群，目的是打通一条前往斯大林格勒的道路，帮助被困的德军解围。

曼施坦因在分析了斯大林格勒的战况之后，认为第6集团军应该从斯大林格勒的西面进行突围，而他的顿河集团军则利用坦克作为先导出东北方向对苏军实施两面夹击。然而专断独行的希特勒并不同意这位号称“天才”的指挥官的作战计划，仍然一意孤行地坚持要在斯大林格勒杀出一条血路为保卢斯解围，并将这个计划命名为“冬风”。

在12月12日德军发动了进攻之后，苏军也及时调整了对策，先歼灭曼施坦因的部队然后再围歼被困的德军。但是苏军第51集团军在12月16日却被前来救援的德军突破了防线，面临着两支德军队伍即将会合的局面。

为此，斯大林格勒方面军派出了第57集团军的坦克第13军外加方面军的预备队的一个步兵师一个坦克旅等部队在梅什科瓦河一带布下防线。虽然德军的坦克第4集团军的一部打到了梅什科瓦河附近——距离被困的德军仅有40公里。然而就是这么一段距离却被苏军顽强地把守着，让德军无法逾越。

12月14日，斯大林格勒方面军终于进入到了反攻阶段，到了12月29日攻占了科捷尔尼科沃，迫使德军向西部和西南方面后撤，给德军坦克第4集团军的坦克第57军以沉重打击并顺利地歼灭了罗马尼亚的第4集团军。最终，德军被苏军赶到了斯大林格勒以外的200公里的地方。

眼看着德军败局已定，崔可夫也为部队松了一口气。12月17日，第62集团军在一块漂过来的冰块的帮助下，顺利地渡过了伏尔加河。但是，由于缺少坦克等重武器，苏军无法给固守在街垒工厂的敌人以致命的打击。

虽然存在着很多困难，但是崔可夫仍然决定要采用猛烈的炮火攻击对付德军。为此，他下令士兵将德军据守的地方做出标志，以保证轰炸的准确性。于是，驻守在左岸的苏军炮兵和右岸的校射员在默契的配合之下，发射出了一颗又一颗复仇的炮弹。顿时，德军阵地硝烟弥漫，紧接着，崔可夫派出强击队以手榴弹对敌人发动了攻击。

12月24日，第39师在崔可夫的指挥下，发动了对德军的连续进攻，在“红十月工厂”的车间肃清了一部分德军，并最终实现了对敌人的包围，而敌军则仅仅守住了被他们改造成防御枢纽部的办公楼。至此，第62集团军遭遇敌人压制的局势终于扭转。

为了更有效地消灭德军，上级分配给第62集团军一个由指挥机关和强大火器分队构成的野战筑垒地域，取代之前撤入大本营预备队的各支部队。本来，这种防御单位并不能适应进攻却能够完成防御任务。事实上，这个野战筑垒地域的主要任务就是千方百计地阻止敌人渡过伏尔加河。

除此之外，苏军还有一个目标，那就是夺回马马耶夫岗，

为了重新占领马马耶夫岗，集团军军事委员会调遣主力部队去抢夺107.5高地，以此来切断困守在城区里的德军和各个厂区里的守敌之间的联系，采用分割歼灭的方法一举将其击垮。由于巴秋克师在战斗中的优秀表现，集团军将攻占马马耶夫岗的任务交给了他们，而派出古里耶夫师和什特里尔戈尔梅海军陆战队以及索科洛夫师去攻占107.5高地。

一个有意思的现象是，尽管保卢斯的部队被苏军包围，但是他仍然拿出三分之一的兵力去进攻已经连续作战5个月之久的第62集团军，因为这支由崔可夫率领的部队始终威胁着德军。为了能够抵挡苏军的进攻，饱受巷战之苦的德军也学会了据守在坚固的防御工事里负隅顽抗的策略。

当时，为了攻下德军占领的红十月工厂办公大楼里的支撑点，苏军的强击队将122毫米的榴弹炮拆开，然后送进被敌人占领的楼体之内再组装起来，接着便瞄准厚实的主墙开炮，很快就将敌人消灭了。

英勇果敢而又足智多谋的苏军战士，对法西斯侵略者进行了无情的回击，他们用鲜血和生命捍卫着斯大林格勒的主权完整。崔可夫和他的战友们顽强地坚守在这座城市里，坚信胜利最终是属于他们的。

## 4. 最光辉灿烂的一页

1943年的斯大林格勒，到处都潜伏着致命的危机，走在幽静恐怖的街道上随时都有可能被狙击手一弹毙命。崔可夫为了改变第62

集团军的作战态势，不断地调整着同友军部队之间的配合，保持着合围的对外正面以此来达到彻底歼敌的目的。

不久，负责在外围作战的苏军，经过了12月份的多次战役终于将对外正面推进到了距离德军被围困200公里～250公里之外，为彻底歼灭德军创造了非常有利的条件。曾经叫喊着要攻下斯大林格勒的第6集团军，其阵地越来越狭小，随时都会遭到苏军的进攻，而且由于缺乏粮食弹药，所以他们几乎无力反击。

1943年1月8日，苏军向被围困的德军发出了最后通牒，并提出如果投降的话将会给俘虏提供标准的口粮，给伤员治病，被俘人员的军阶领章、勋章和个人财务都不会遭到侵犯……这对于视荣誉为生命的日耳曼人来说无疑是一个很有诱惑力的条件。保卢斯在接到这个通牒之后，便将其原封不动地发给了希特勒，请求准予德军“相机行事”，然而那位独裁者却坚决不同意。这样一来，苏军只能通过继续进攻来迫使德军做出最后的决定。

1月10日，苏军的第65集团军从西面向斯大林格勒发动了突击，两天之后到达了罗索什卡河的第二防御地带，在16日夺取了皮托姆尼科机场，22日占领了斯大林格勒的南部并攻占了德军最后一个机场——古姆拉克机场。为了配合苏军的这次反攻，崔可夫命令部队组建成大小不一的强击队进攻德军，将第6集团军22个师的6个师5个工兵营锁死在城区。随后，第62集团军转向西面进行攻击，与外围的苏军密切配合。

1月23日，苏军第54师在包围德军的一个强大防御工事的时候，对固守在那儿的德军进行了劝降，然而里面的法西斯分子竟然向苏军讨要面包，苏军出于人道主义的考虑给了他们一些，然而德军在吃饱了之后竟然继续射击而没有投降。苏军见状大怒，动用了好几门火炮对这个防御工事进行轰击，然而当他们攻下这个地方之后才发现，这里的德军全部佩戴着希特勒颁发的奖章，为了这些闪闪发亮的东西他们竟然如此顽抗。

1月25日，第62集团军进发到斯大林格勒西郊的工厂居住区一带，消灭据守在那儿的德军。第二天，第62集团军和第21集团军在马马耶夫岗成功会合。两支部队的战士亲热地握着手，互相凝视着，难以抑制内心的激动。

上午9点20分，两支部队在红十月镇举行了会师仪式，第62集团军交给了第21集团军一面写着“1943年1月26日会师纪念”的红旗，以此来纪念这个具有重大历史意义的时刻。接着，第62集团军还和巴托夫集团军、奇斯佳科夫集团军以及舒米洛夫集团的代表见了面。

这样一来，保卢斯的部队就面临着灾难性的局势：被苏军分割成南北两个部分，一个在市中心，一个在街垒工厂和拖拉机厂一带，总计有21个残缺不全的师。垂头丧气的保卢斯此时既无法突围也不能投降，因为柏林方面还在为他加油鼓劲，要求他的第6集团军成为让后世子孙终生铭记的英勇之师。

然而到了1月30日的时候，保卢斯不得不交给希特勒一封战报——最后通牒不出24小时了。可笑的是，那位法西斯狂人还妄图通过给保卢斯授予元帅节杖、给117名德军军官加官晋爵的方式来阻止其投降。最后，第6集团军在绝望和愤恨中砸坏了电台，拒绝再接受希特勒的连篇废话，最后于1月31日向苏军投降。至此，斯大林格勒城区的枪炮声终于停止了。

在苏军被俘的人员中，除了有骄横不可一世的保卢斯之外，还有步兵第4军军长普费尔中将、第51军军长冯·赛德利茨·库尔茨巴赫中将、第295师师长科尔费斯少将、参谋长迪赛利亚上校以及一些校官参谋。1月31日晚，崔可夫和克雷洛夫等人对被俘的德军将领进行了审讯。

1943年2月2日，在第65集团军和第66集团军的配合下，第62集团军对街垒工厂和拖拉机厂进行了最后的大扫除式的进攻，俘虏了德军第11军的军长施特雷克尔。下午4点，顿河方面军军事委员会向最高统帅部报告：他们完成了歼灭被围困在斯大林格勒的德军的任务。

正是这个看似普通的报告，宣告了持续200个昼夜的斯大林格勒会战的结束。消息传到德国之后，德国的广播电台竟然播放了低沉的鼓声哀悼德军的惨败，另外希特勒还下达了全国致哀令——4天之内德国的各种娱乐场所均停止了营业。

斯大林格勒战役的胜利，彻底粉碎了德国法西斯分子称霸世界的企图，成了苏德战争中至关重要的转折点，也是第二次世界大战的转折点。崔可夫的第62集团军，在数倍于自己的德军面前，能够顺利地完成“不许后退一步”的作战任务，其舍生忘死的勇气可圈可点。

1942年12月1日的《红星报》报道：“第62集团军的震惊世界的顽强精神，使我统帅部有可能集结兵力，转入反攻，重创庞大的德国法西斯部队。”为了表彰第62集团军的英勇战绩，最高统帅部授予其列宁勋章并给予“近卫”的称号，同时将其改编成为近卫第8集团军。

1943年5月，近卫第8集团军的各个师全部荣获政府级奖赏——近卫军军旗和勋章。在这场持续了几百天的战斗中，崔可夫在司令部的指挥下，带领着全军战士采用灵活的作战方式与敌人机智、英勇地周旋，因而被授予了“苏联英雄”的称号。他和他的战友们一起，永远载入了抗击法西斯德国斗争中最光辉灿烂的一页。

# 第七章　让失地重见光明

# 1. 反攻的开始

斯大林格勒战役结束后，经过改编的近卫第8集团军被调到了西南方面军的编制中，在阿赫图巴河附近驻防。由于崔可夫的部队英勇善战，无论是指挥官还是战士都有着丰富的战场经验和过硬的政治素质，所以最高统帅部将其中一些在斯大林格勒战役中有着出色表现的部队分配到了其他军团。

这样一来，留在崔可夫身边的老部下，就只有索科洛夫将军指挥的近卫第74师、古里耶夫将军指挥的近卫第39师加上巴秋克将军指挥的近卫第79师3支部队。不过，新增加的部队也都是参加过斯大林格勒战役的部队，其中有马卡连科指挥的近卫第82师、格列博夫将军指挥的近卫步兵第27师以及弗拉基米洛夫将军指挥的近卫第88师。

让崔可夫感到有些失落的是，他的亲密战友、原第62集团军军事委员会委员古罗夫和参谋长克雷洛夫都因升职而被调走了。新加入的弗拉基米洛夫则替代了克雷洛夫参谋长的职位。弗拉基米洛夫是一个受过高等军事教育的人，在司令部有着丰富的工作经验，因此赢得了崔可夫的信任和倚重。

在斯大林格勒战役结束之后，近卫第8集团军进行了一段时间的休整，在此期间补充了战斗中损失的人员以及武器装备，提升了战斗力，同时完善了战术思想。1943年3月，崔可夫奉上级的调令，带着近卫第8集团军来到了北顿涅茨河的库皮扬斯克和斯瓦托沃一带整编。

到了4月18日，崔可夫在上级的要求下开始认真研究其兵种协同、近战、夜战以及反坦克等进攻作战中经常遇到的问题，同时也为各个近卫兵团进攻和突破防御地带做好了准备。

为此，崔可夫与沃罗涅日方面军司令员瓦杜丁大将、近卫第1集团军司令库兹涅佐夫上将以及坦克第3集团军司令员雷巴尔科将军等高级军官开展了有关机动作战方面的经验交流会。善于总结和学习他人经验的崔可夫，在同这些优秀的军事指挥官的交流中增长了不少见识，也由此完善了自己的知识体系，提升了对新的战役战术的运用能力。

由于希特勒拿下斯大林格勒的妄想落空，因此苏德战场的形势对法西斯分子来说越来越苦不堪言。为此，德军统帅部决定在库尔斯克的突出部分发动战役扭转当前不利的局面并最终拟定了名为“堡垒”的进攻计划：从北面的奥廖尔和南面的别尔哥罗德向库尔斯克突出地带发动进攻，然后以保卫苏军中央方面军和沃罗涅日方面军为目标，最终一举拿下库尔斯克，接着突击西南方面军的后方。

不过德国统帅部似乎忘记了一个问题，此时的德军已经不是苏德战争爆发初期的那支马力十足的“闪电部队”了。由于莫斯科保卫战和斯大林格勒战役的影响，苏德军队在实力、士气、装备等方面的差距已经发生了本质的变化。在获知德军的这个行动计划之后，苏军统帅部马上命令中央方面军、草原方面军以及沃罗涅日方面军在库尔斯克的突出地带建立防御系统。

德军在制定了“堡垒”计划之后，调集了50个师的兵力，其中包括中央集团军群的第2集团军和第9集团军以及南方集团军的坦克第4集团军、凯姆普夫战役集群。除此之外，德军还准备了20个师作为预备队并调动了大批的虎式坦克、豹式坦克以及费迪南强击火炮。

然而没想到的是，德军的行动因为一名被俘的士兵以及一名叛徒而泄露给了苏军。于是，1943年的7月5日，苏军的中央方面军和沃罗涅什方面军主动进攻，通过向德军阵地进行猛烈的炮火轰击而瞬间打垮了敌人的进攻意志。两个小时之后，惊魂未定的德军这才被迫向苏军发起大规模的进攻。

7月7日，苏军西南方面军在统帅部的授意下，趁着德军主力部队被牵制在库尔斯克附近的空当向顿巴斯发动了进攻，其目的是将德军击退或者牵制住，阻止其向库尔斯克地区派出增援部队。崔可夫率领的近卫第8集团军和库兹涅佐夫指挥的近卫第1集团军，渡过北顿涅茨河协助从米乌斯河向顿涅茨克进攻的南方面军，以此来攻破巴尔文科沃地域一带的敌军，最终消灭德军的顿巴斯集团。

在苏军计划好了作战方案之后，下一步就是要勘察敌情了。然而为了不暴露其进攻意图，这一次没有动用侦察机，而是通过一张德军的防御工事图去了解其炮兵阵地和火力支撑点的布置情况。

经过崔可夫仔细的观察发现，德军将一些火力点安置在了冬季战役中被击毁的坦克下边，而把重机枪露天架设或者隐藏在土木发射点之中；步兵装备了装甲防盾板，堑壕则在防坦克和防步兵的雷场之后得到保护。

另外，德军的防御工事平均密度为：土木发射点4个，露天机枪阵地13个，堑壕和交通壕2000米，防步兵障碍物1500米，还有9个掩蔽部和土屋式掩体。在纵深防御内，德军在居民点和林缘出都构筑了一些制高点以及各种环形防御，目的是为了能够维持火力联系的支撑点和抵抗枢纽部。

1943年7月17日，苏军在进行了一番炮火轰击之后，开始了对德军的猛烈进攻。从灌木丛中冲出来的步兵，在浓密烟幕的掩护下朝着河岸冲去并迅速渡过了河，冲到了德军的第一道堑壕，与敌人展开了惨烈的白刃战。紧接着，第二轮进攻也开始了……到了上午8时左右，苏军攻下了德军的前两道堑壕，随即在河上架设了舟桥，为坦克和火炮等重型武器也建造了临时渡口。

然而，当苏军一批一批地向德军的阵地纵深推进时，却遭到了越来越激烈的反抗，而且由于苏军的炮火已经不能再对敌人构成威胁，因此仅靠步兵的突破远远不能给敌人造成更大的打击。更不妙的是，德军的俯冲轰炸机在苏军的渡口扔下了一颗又一颗的炸弹，将刚刚稳定下来的局势再次打乱。

后来经过一位被俘德军军官的证实，德军在苏军发动进攻的前5天就已经知道了苏军要进行突袭的情报，因此采取了一些必要的防范措施，这就让苏军的突袭失去了预期的效果。很快，河对岸的德军在被苏军攻破的地区重新建立了纵深梯次防御并增加了守军的人数。曼施坦因为了确保顿巴斯不被苏军攻下，从奥廖尔以及哈尔科夫一带调来了6个师的兵力，其中还包括配有加强型武器的坦克师。

这样一来，崔可夫在斯大林格勒战役结束后的第一次战斗便面临着不小的麻烦——德军几乎是拼尽全力死守顿巴斯，并且做好了打持久战的准备。大批的德军坦克出现在西南方面军的面前，而德军的空军部队也呼啸着向苏军的渡口进行轰炸，阻止苏军后续部队的跟进。苏军近卫步兵第28军在这种情况下被延缓了渡河的进度，最后只有巴秋克的近卫步兵第79师成功到了对岸。

恶战在即，苏军究竟能否完成任务，但看崔可夫如何运筹帷幄!

# 2. 进军第聂伯河

7月19日，德军出动了几十辆坦克连续发动进攻，并以两个步兵团配合着近百辆坦克向苏军近卫步兵第82师的右翼发动了反冲击。

此次德军的进攻异常凶猛，虎式坦克横冲直撞地向着苏军的防御地段扑过来，后面紧跟着轻型坦克和自行火炮。面对敌人的步步紧逼，苏军战士用燃烧瓶和手榴弹攻袭坦克的侧面装甲，并使用反坦克枪等武器射击德军坦克，终于将敌人的冲锋阵形打乱。

与此同时，戈拉亚多利纳镇也发生了激战，苏德两军的坦克撞倒了一面又一面的土墙，许多房屋在炮火的轰击下瞬间倒塌。由于德军的进攻十分凶悍，导致了战斗在这儿的苏军近卫第79师付出了极大的代价，在斯大林格勒战役中有着英勇表现的巴秋克将军，带着对祖国的无限眷恋倒在了这里。当然，德军也损失惨重，阵亡几百人，被击毁的坦克有30辆。后来，苏军称戈拉亚多利纳为“死亡之谷”。

近卫第8集团军继续同德军鏖战，在不断阻击对方反攻的同时还在努力地扩大登陆场，为后续部队创造条件。然而，由于渡口被德军的轰炸机破坏，导致了部队的武器供给中断，苏军在弹药几乎用尽的情况下疲于应付。崔可夫见状，只好请求方面军司令让他的部队暂停进攻。这样，近卫第8集团军在顿涅茨河右岸的登陆战暂时告一段落。

8月12日，崔可夫带着部队转入到了方面军第二梯队的配置地域，将原来开辟的阵地交给了第6集团军和第12集团军。8月17日，这两支部队在投入了大量兵力进攻之后，仍然遭遇到了德军的顽抗，经过8个小时的血腥拼杀仅仅推进了约2公里。而到了第二天，苏军的进攻几乎停滞不前。

8月18日，方面军召来了崔可夫，让他根据自己的观察对下一步的作战计划提出建议。崔可夫认为，目前应当放弃对第8集团军正面地带的进攻，而是将苏军突破的重点集中在某个狭窄的地段上纵深8公里～10公里，这样才能为大兵团的机械化部队作战创造条件。另外，崔可夫还指出由于苏军的炮弹不足所以不能为步兵的冲锋提供必要的火力支持，因此必须让步兵、炮兵以及航空兵结合起来才能有效地对德军造成打击。

崔可夫的建议得到了方面军司令马力诺夫斯基的首肯，随即为近卫第8集团军交代了任务：命令近卫第28军攻取多尔格尼科耶南面的林区，命令近卫步兵第29军攻占多尔格尼科耶和苏利戈夫卡这两处居民点。

8月22日黎明时分，在崔可夫的号令之下，苏军火炮齐鸣，朝着德军的阵地倾泻了一颗又一颗炮弹，下了一场“死亡弹雨”。同时，犹如雄鹰啄食的强击机中队也载着炸弹扑向了敌人阵地，顿时将德军包围在火光冲天的烈焰之中。德军引以为豪的各种防御工事很快被苏军的强大攻势摧毁，紧接着，近卫步兵第28军、第29军在坦克和自行火炮的掩护下发动了猛烈的进攻。

苏军的强悍攻势让德军几无还手之力，队形顿时被冲散。崔可夫见状，连忙让部队快速推进，不久就夺取了敌人的三道堑壕，随后向着马扎诺夫卡村和多尔格尼科耶村发动进攻。这一次战斗，是西南方面军在血战一个多月之后的首次胜利。

很快，苏军将德军从马扎诺夫卡赶了出去，然而机械化部队却没有随同赶到。焦急万分的崔可夫明白这将意味着德军随时都有可能夺回失地。于是他亲自赶往机械化部队的出发阵地，这时他才发现原来方面军的装甲兵司令沃洛赫中将中弹身亡，加之机械化军根本没有想到能够这么快地打开了敌人的大门，所以没有做好参加战斗的准备。

正是由于这一系列变故，导致了德军借用这来之不易的时间重新组织了军队，封住了被苏军攻破的缺口，同时用远程重炮轰击苏军通往前线的后方道路。于是，近卫第8集团军的炮兵阵地被迫向进攻部队附近转移。方面军司令见状，只好命令第6集团军和第12集团军在次日和近卫第8集团军一起进攻，同时责令机械化军必须协同出战。

第二天一早，崔可夫下令部队继续发动进攻，不久便推进到了多尔格尼科耶村以南的西部林地。然而，当坦克部队越过多尔格尼科耶村以南的242.9高地之后，随即就被德军包围，遭受到了坦克炮和反坦克武器的齐射。在战斗中，德军首次使用了反坦克鱼雷——这种武器能够让坦克在瞬间变成几块破烂的钢铁。

显然，德军已经调来了预备队加强了防御，甚至不惜以士兵的生命为代价阻挡苏军的进攻。与此同时，苏军西南方面军也通过进攻分散了德军的力量，帮助草原方面军和沃罗涅日方面军获得了宝贵的战机。

不过，德军的第6集团军虽然在一定程度上遏制了苏军的进攻，但是他们也同样耗费了更多的力量，因此难以继续支撑下去。这样一来，苏军解放顿巴斯的阻力将越来越小。8月23日，沃罗涅日方面军帮助草原方面军夺取了哈尔科夫，对光复第聂伯河以及左岸乌克兰是极其有利的。相比之下，丧失了战略主动权的德军只能以攻代守，放弃了再次进攻莫斯科的企图。

苏军为了消灭德军的南方集团军群，在库尔斯克大会战结束之后，从黑海到大卢基一带长达1500公里的战线上发起了全面进攻，目标是乌克兰的农业区和顿巴斯的工业区。

另外，为了加大苏军在进攻乌克兰地区以及第聂伯河左岸的胜算筹码，苏军从8月7日开始，调动加里宁方面军和西南方面军发动了斯摩棱斯克战役，夺回了整个斯摩棱斯克和部分加里宁州，为解放白俄罗斯创造了良好的开局，同时在这次战役中消灭了德军的中央集团军中的7个师，并给14个师造成了毁灭性的打击。

曼施坦因面对如此窘境，只能寄希望于统帅部为其调配援军，然而希特勒手中根本拿不出曼施坦因所需要的12个师，只得在8月12日下令德军组织起所谓的“东方壁垒”新战线，以此来遏制苏军在布良斯克、苏梅、韦利日、米马斯河等地的进攻，防卫第聂伯河的东部。

## 3. 夺取扎波罗热

9月15日，曼施坦因将南方集团军群的主要兵力撤到第聂伯河，而将南线的部队向莫洛奇纳亚河对岸调动，形成了一道据说是连坦克和火炮都无法攻破的秘密防御工事。为了给反攻留出必要的基点和防御地带，德军在第聂伯河的左岸故意空出了一些地区当作登陆场，目的是为了消耗苏军在进攻时的兵力，其中以扎波罗热最为典型，它位于“东方壁垒”的起点，掩护并控制着一些重要的工业地区，这也就成了西南方面军攻击路线中的第一个障碍。

苏军统帅部责令西南方面军必须在10月3日前消灭扎波罗热一线的德军，因此马利诺夫斯基调动近卫第8集团军为主力，替换掉了原来的近卫第3集团军和第12集团军。当崔可夫来到第聂伯河附近的时候，才发现这里已经被敌人实施了焦土政策：村庄被烧毁，桥梁和铁路被炸断，四处没有人烟——村民都被德军赶到了对岸。

为了弄清楚扎波罗热的具体情况，苏军通过活动在乌克兰的游击队和地下工作者掌握了一些宝贵的信息。

原来，德军几乎用了将近一年的时间在这一带建立起了稳固的防御体系，除了有大量的火力支撑点之外还布下了绵延不绝的防步兵和防坦克障碍。外围的防御工事，是由异常坚固的材料制造而成的，其顶部能够抵挡中等口径的炮弹和小型的炸弹，相当结实。火力支撑点可以沿着堑壕展开斜射，所以要想攻破这些建筑工事没有强大的重武器是痴心妄想。

在德军防御工事的外围，其防坦克壕深度在3米～6米之间，宽度在5米～6米之间还灌注了水，所以它不仅能阻挡坦克还可以遏制步兵的前进。另外，德军还埋下了四行犬牙交错的地雷以对付苏军的坦克部队。另外，德军除了构建坚固的防御体系还调集了精锐部队加强了防守。

9月29日，德军派出了4个步兵营在坦克群的掩护下，向着苏军步兵第33军发起了反冲击，试图将其逼退。10月1日，苏军的炮兵部队怒射出成百上千的炮弹进行还击，第3集团军和第12集团军也乘势发起了进攻。

随着火箭炮的连续轰击，德军的第一道堑壕已经被炸得乱七八糟，因此苏军很快将目标转移到了下一道堑壕。苏军士兵运用短促急冲的战法，越过了反坦克壕，经过一个上午的反复进攻终于突破了德军的第一道堑壕并占据了几个居民点，为下一轮的进攻创造了条件。

可没想到的是，由于上午的炮火进攻过于猛烈，致使苏军在中午时分面临着没有弹药的窘境，而德军的虎式坦克和88毫米炮则趁机展开报复，幸好苏军借助反坦克壕抵挡住了敌人的回击，这才免于退回到原来的阵地。傍晚时分，苏军因弹药不够导致步兵的进攻缺少火力支援，因此没有取得多大的战果。

10月2日下午时分，苏军通过观察发现，德军在防御纵深地带向自己悄悄偷袭过来，其中包括负责扎波罗热防御的主力部队——坦克第40军。显然，德军试图用这一次进攻阻止苏军对登陆场的攻击。

德军的步兵紧随坦克前进，苏军则集中全部火力去对准这些坦克，很快就将其打了回去。然而因为弹药的不足，这种顽强的反击很快就沉寂下来。为此，方面军的各个集团军便加紧防御工事的构建。近卫第8集团军的任务是勘察德军的发射阵地并制定出强击战的计划。崔可夫经过周密的考虑之后，决定采用斯大林格勒战役中的巷战打法——建立强击队。

10月9日，在月亮爬上了夜空之后，苏军开始酝酿着新一轮的进攻。士兵们聚集在一起低声地交谈着，难掩那种在战斗到来之前的莫名兴奋。7点10分，苏军的“喀秋莎”发出了震耳欲聋的轰鸣声——进攻开始了！

崔可夫在观察所中看到了田野被齐射的炮火打得烟火翻腾，四处都被烟雾包裹，火光接连亮起，可怖的炮声掩盖了一切……这一系列景象整整持续了40分钟。与此同时，苏军的轰炸机和强击机也英勇地飞向了德军的阵地进行轰炸和扫射，破坏着其引以为豪的防御据点。

在这种强大的火力输出之下，苏军的步兵很快占领了第一道堑壕。虽然德军利用支撑点进行反冲击，并派出了大量的坦克和自行火炮，然而苏军对这种战术并不陌生，而敌人的这种主动出击倒使其丧失了防御工事的作用。

但是，德国人的虎式坦克和费迪南自行火炮却让苏军很头疼，因为这两类重型武器的装甲十分厚重，76毫米的炮弹根本无法将其穿破。相反，德军的88毫米炮弹却给苏军造成了不小的麻烦——其射速和穿透力都很强。经过一段时间的交手，苏军认为只有打击虎式坦克的侧面和尾部才更加有用。另外，苏军还将瞄准的目标锁定在了德军步兵的身上——因为他们保护着坦克。于是，不少血肉之躯的德军步兵遭到了苏军铅弹的狙杀。

在这种有效的攻击方式之下，苏军在中午时分便推进了3公里的距离，击毙德军2500人，俘虏69人，击毁汽车和装甲车7辆、火箭炮12门、火炮19门、机枪47挺并炸毁了弹药库3座。

10月10日，苏军再次发起了进攻，他们利用施放烟幕的方法扰乱德军坦克的注意力，然后再冲到坦克跟前投掷手榴弹，很快就让虎式坦克遭受重创。这一天的战斗一直持续到晚上，而在夜间时分强击队则借着夜幕的掩护冲向了坦克部队，他们三五人一组，带着燃烧瓶和反坦克手榴弹进行分散式的进攻。

紧接着，在黑色的夜幕中响起了爆炸声——这是德军坦克油箱被破坏的声音。虽然德军的火力点喷吐着火舌，但是并没有对苏军构成威胁，因此很快就停止了射击。随后，敌人的机枪开始了“哒哒哒”的扫射，然而这种威吓并没有让苏军停下冲锋的脚步，它只能在沉重的夜色下可笑地哀号。

次日早上8点，苏军的全部火炮齐声发射，足足持续了20分钟。随后，苏军步兵发起了冲锋。在步兵第33军打退了敌人之后，近卫第8集团军马上动用火炮攻袭德军的坦克。差不多击毁了20辆虎式坦克，击伤的无法计算。

这样一来，德军就不敢将坦克部队单独调派出来，更不敢贸然穿越苏军的战斗队形。到了10月11日晚间，苏军的强击队再次直插德军阵地，并派出工兵埋放地雷，以此来阻挡虎式坦克的进攻。不过，苏军从缴获的虎式坦克中也发现，自己目前还不具备能够与其对抗的武器，所以西南方面军只能推广崔可夫的夜战克敌法。

10月12日，在30分钟的炮火准备结束之后，苏军的步兵和坦克协同作战向着德军的阵地发动了进攻，可是由于双方都拼力厮杀，致使战斗一直处在僵持状态。在这持续了三天的战斗中，近卫第8集团军和其友军无论怎样变换战术都未能在上级规定的时间内完成任务。在形势的逼迫下，崔可夫不得不绞尽脑汁想出取胜的办法，否则他将成为一个拖后腿的军队指挥官。

经过认真的分析之后，崔可夫认为白天发动进攻对苏军没有什么优势，而夜战则对于德军来说相对要生疏许多，也不用浪费弹药地进行炮火准备，另外还能限制虎式坦克的战场威力。但是，由于苏军连续几天以强击队的形式对敌人进行袭扰，因此德军已经摸清了苏军的行动规律，最好的办法就是实施大兵团的夜战，这样才能给敌人出其不意的打击。

在确定了这样的作战方针之后，崔可夫马上将近卫第29军（留下1个团作为预备队）派到了舍尔科维、新乌克兰卡等地进行突击行动，而近卫步兵第28军则在10月13日攻取了舍尔科维镇、科里尼奇等地周围的高地，为苏军继续向德军的防御纵深挺进创造了条件。德军由于忌惮近卫第8集团军的进攻，在第一道堑壕只留下了残缺不全的炮兵和步兵部队，而将坦克部队调到了第二道堑壕。

10月12日晚间11点，在崔可夫的号令下，苏军的火炮对德军阵地发动了10分钟的猛烈轰击，然后步兵随同坦克一起向敌人的防御工事冲去。由于是夜间，苏军的指挥都是依靠无线电和电话来执行。

没过多久，德军的反抗就显出了疲惫，因为他们根本没有料到苏军会采取大规模夜战的方式，所以其纵深很快就被突破。苏军第28军沿着进攻的主线打通了6公里的通道，最后由于德军强大火力而被迫停止，而负责侦察的第33军也推进了将近2公里的距离。这样，扎波罗热的防御已经出现了多个缺口。

尽管苏军的这次进攻卓有成效，但是为了稳固已经占领的阵地，崔可夫下令部队停止快速的推进而是留在阵地上防备德军的反攻，以消灭敌人的有生力量作为目标。料事如神的崔可夫果然没有猜错，德军为了抢回失地很快就发动了反扑，但因为苏军早有准备所以未能奏效。这个重要的战略安排，要归功于崔可夫坚持走出观察所巡视战场的优良指挥作风。

方面军对近卫第8集团军的表现非常满意，马力诺夫斯基和崔可夫商议，能否发动全部的兵力对扎波罗热进行夜袭，这个大胆的想法一经提出立即得到了崔可夫的支持。于是，苏军开始调集弹药，对军官进行夜战的紧急培训，做好了夜袭的准备。

由于德军的装甲部队为保存实力已经调离了阵地前沿，所以苏军决定将坦克第23军和近卫机械化军作为冲击敌人防御缺口的主力，并让崔可夫负责协调近卫第8集团军和两个兵团的行动，让近卫第3集团军和近卫第12集团军进行夜间的强击。

在做好了战斗部署之后，苏军于晚间9点50分发动了苏德战场中极为少见的方面军夜袭战。火炮在愤怒地暴吼着，火箭炮在疯狂地舞蹈着，形成了一种狂风暴雪般的弹幕攻击，打得德军丢盔弃甲。到了10点，苏军的坦克和步兵利用刺眼的灯光向着敌人发起了进攻，一路如履平地。当苏军抓到德军的士兵进行审讯时才得知，原来敌人竟误认为苏军的主力不复存在，因此军官们都进城吃喝玩乐去了，士兵们也由此纪律松懈，没有做好任何防御工作。

午夜时分，德军的第二道防线被攻破，苏军的坦克第23军、机械化军雄赳赳地冲入被洞穿的防御缺口，以强大的钢铁阵形开始了强攻扎波罗热的战斗。

与此同时，苏军的第6集团军和第12集团军也快速推向了第聂伯河，断了德军的退路。次日，苏军将河渡口全部掌控在手中，随后向东继续挺进，终于在13日夺取了扎波罗热，提前了整整一天！

经过这一次大胆的夜间突袭，崔可夫的部队消灭了德军3000多人，摧毁坦克32辆、各种汽车120辆、重型火炮26门、迫击炮22门、机枪59挺，获得了重大的胜利。这次，苏军扫清了乌克兰东部的德军，收复了作为冶金基地的东乌克兰和被视为煤仓的顿涅茨以及其他地区。另外值得一提的是，崔可夫的大规模夜间攻袭，也为苏军的军事理论宝库提供了重要的素材和借鉴，更是充分展现了他优秀的战场指挥才能和应变能力。

## 4. 捷报频传

苏军继续朝着第聂伯河进军，攻占了河渡口，力图将德军驱逐出乌克兰地区。与此同时，乌克兰方面军、白俄罗斯方面军也收复了失地。因此，统帅部决定调集兵力开展大规模高速度的战略进攻，力争在1944年将德军赶出国土。

由于当时的南线战场暂时停止了战斗，因此西南方面军立刻抓住这个机会进行休整，扩充了几支队伍。由于上级考虑到崔可夫连日征战、身心比较疲惫，所以让其回到莫斯科进行安心的静养，以便做好下一阶段战役的准备。在此期间，由马斯连尼科夫上将暂时接替崔可夫的司令职位。

10月23日，近卫第8集团军渡过了第聂伯河。随后，根据方面军的指示向阿波斯托洛沃进军，和第46集团军共同打开前往尼古拉耶夫与敖德萨的门户。然而，由于雨季造成的道路泥泞，加之炮弹准备不足，苏军的行动越来越迟缓，难以打破德军的防御。

此时，在莫斯科静养的崔可夫再也无法忍受无所事事的生活，于11月12日来到了方面军司令的指挥部，了解了下一阶段的攻击目标——阿伯斯托洛沃。经过介绍，崔可夫才知道这个看似普通的小城是苏军攻下尼科波尔的关键，但由于驻守在这里的德军修建了坚固的防御工事，因此强攻只会给苏军造成损失，最好的办法就是采用战术迂回的方式将其拿下，让德军被挤压在中间而无法逃脱，届时苏军将不费吹灰之力攻取尼科波尔。

但是，苏军的坦克第23军经过连日的征战已经损兵折将，坦克在战斗中损坏了不少，如果没有新的补充的话无法同德军强大的装甲部队相对抗。所以对于近卫第8集团军来说，只有通过发动步兵才能构成最主要的火力输出。

11月14日，近卫第8集团军进攻尼古拉耶夫卡，可是由于德军的坦克组织了顽强的反击，而苏军只有野战炮和反坦克枪，所以无法穿越敌人的防线。特别是在攻打扎布季诺镇的战斗中，更是遭遇到了德军自行火炮的猛烈轰击，给部队造成了很大的损失。

在这种状况下，苏军坚持了6天，这才推进了10公里并占领了几个居民点。不过，崔可夫的部队也为此付出了较大的代价，只剩下33辆自行火炮和40辆中型坦克——平均每公里只有不到一辆装甲车。更糟糕的是，近卫第8集团军经过战斗的消耗而实力锐减，一个连队也仅仅不过30人。为此，崔可夫只好将这些缺员严重的建制拆散重组，以便加强战斗力。

虽然近卫第8集团军非常需要休整，然而当时的战场形势无法满足这个要求，因为只有通过不间断的进攻才能给敌方造成疲惫之感——当然这也会消耗苏军自身的力量。因此，崔可夫命令部下咬紧牙关，在这最困难的时期继续向德军发动进攻，投入一切可以投入的兵力去争取胜利。

11月26日，近卫第8集团军终于打通了向普罗帕什娜亚以及彼得里科夫的通道，并在装甲部队的配合下纵深德军阵地12公里，并且还沿着托马科夫卡、纳塔耶夫卡以及叶卡捷琳娜等地推进30公里的距离，使部分德军被围困。此时的德国法西斯，已经不能再发动更大规模的反击和进攻了，就连它忠实的小伙伴意大利和罗马尼亚也存有二心，不再唯命是从。

面对苏军的步步紧逼，德军也集中兵力守住尼科波尔和锰矿区，同时调动主力部队与近卫第8集团军相抗衡。为了保证进攻的力量，崔可夫调动步兵第33军参加战斗，但还是由于缺乏装甲部队的支持而未能突破敌人防线。12月10日，得到休养和补充的苏军再次发动强攻，占领了丘马基、托克马克沃等村镇，为打开通向锰矿区的大门创造了条件。

整个12月份，苏军都在这种对其越来越有利的形势下战斗着。不久，苏军最高统帅部做出了在西南战区发动进攻的决策。1月10日，崔可夫调派近卫步兵第4军以切断尼科波尔守军为目标，朝着肖洛霍沃方向发动进攻，并调动炮兵第9师和坦克第11旅以及坦克第10团以及空军协同作战。

10日上午9点35分，近卫步兵第4军在炮火准备了一阵之后，马上攻破了德军的第一、第二道堑壕，俘虏了德军一个连的士兵，来到了索菲耶夫卡——尼古拉耶夫卡公路一带。然而德军不甘心就这样丢失了阵地，于是发动了5次疯狂的反扑妄图扭转局势。在苏军顽强的反击之下，德军最终以10辆坦克被击毁的结局而狼狈收场。

随着天气状况越来越糟糕，苏德两军都遇到了麻烦：苏军前进缓慢而德军防守吃力。苏军统帅部认为，只要集中力量对敌人进行攻击就可以对其造成致命的打击。为此，苏军专门召开了讨论会研究下一步的行动方略。崔可夫在会议结束后，认真观察地图进行了准确的计算，标出了苏军进攻的重点并将自己的想法报告给了方面军司令马利诺夫斯基，得到了他的赞同。

2月1日，近卫第8集团军和第46集团军的步兵部队打破了德军的防线，靠近了巴甫洛波里耶的北部，随后近卫机械化第4军也加入战斗，纵贯这个被打开的缺口。可就在傍晚时分，意想不到的事情发生了：暴雨倾泻而来，致使地面积水，大雾让能见度降到了仅有10米的距离。

然而，英勇的苏军并没有被这突然袭来的困难吓倒，继续前行在满是污泥的道路上。崔可夫见状，连忙命令指挥官跟紧自己的队伍，时刻保持着联系。到了次日中午，苏军终于抵达彼得罗巴甫洛夫克镇并打通了几条战略要道，包围了德军5～6个师的部队。由于这股被困的德军部队只有位于索列纳亚和卡缅卡两条小河以及南部的第聂伯河之间的走廊地带，为此德军拼力阻止苏军在此处的进攻。

针对这一情况，崔可夫下令近卫步兵第29军越过卡缅卡河，然后尽其所能推进到扎波罗热——阿波斯托洛沃一带，再挥师向着马尔洋斯科耶一带，而近卫步兵第4军则需要穿过肖洛霍沃阻断德军的退路。

苏军的大规模调动，自然引起了德军的注意，于是其野战第6集团军和坦克第1集团军便开始了撤退，但是由于路况糟糕，德军被迫放弃了一些车辆而匆匆逃离，甚至还给苏军留下了10辆可以正常使用的虎式坦克。苏军在得到这份大礼之后，终于对虎式坦克的内部结构有了全面的了解。

2月6日早晨，崔可夫在勘察阵地的时候，他的战马突然中弹，将其重重地摔倒在地。当副官赶过去救他的时候，却遭遇到了一连串的冷枪，而崔可夫越是躲闪就越会遭到子弹的致命追踪，后来他才发现是自己戴着的羊皮高帽为敌人充当了“向导”，于是将帽子脱下来放在原处吸引敌人的注意力，而他自己则与副官找到了一处敌人射击的盲点，趁着没有危险的时候奔往巴扎夫卢克镇。

在行进的途中，崔可夫得知了自己部队已经消灭了阿波斯托洛沃的德军并收复了好几处失地。至此，德军在尼科波尔的防御体系被苏军彻底击垮。尽管如此，这群法西斯分子仍然要试图夺回被苏军攻取的大科斯特罗姆卡，调集了5个师的兵力发动了反冲击，结果苏军被迫放松了包围圈，一些德军也趁势逃走。2月8日，尼科波尔终于被苏军攻破，其守军也被尽数消灭。

在苏军的强大攻势之下，嚣张的德军终于惶惶不可终日了！

# 第八章　形势逆转

# 1. 攻占敖德萨

从1944年1月14日开始，苏军在列宁格勒以及诺夫哥罗德一带发动了对德军的进攻，一直持续到3月1日，最后收复了列宁格勒州和部分的加里宁州。从1月24日开始到4月17日，苏军又解放了第聂伯河右岸的地区。3月26日到5月12日，苏军调动两个方面军发起了克里木战役和敖德萨战役，近卫第8集团军也参与其中，任务是围歼德军尼科波尔集群，他们在克服了恶劣的路况之后终于将德军赶到了古列茨河一带。

经过仔细的侦察之后，苏军了解了德军的军备和布防情况，于是顺利地打开了突破口——占领了因古列茨火车站和泽廖诺耶镇。3月3日上午11点，近卫第8集团军通过被打开的缺口越过了古列茨河并攻占了西罗卡达恰等地，建立了登陆场。此时，苏军已经稳固了落脚点，只要投入骑兵机械化集群就可以击垮德军的一整套防御系统。

然而，方面军司令却没有让崔可夫继续发动进攻，而是让近卫第8集团军就地组织防御。为此，崔可夫连忙写报告给马利诺夫斯基，请求司令部做出果断的决定，切莫错过最佳的攻击时刻。马利诺夫斯基在斟酌了崔可夫的建议之后，答应了他的请求。经过3天的战斗之后，苏军终于将德军击退了12公里，推进到了泽廖内盖、韦肖雷伊斯等地。到了3月10日，近卫第8集团军和机械化集群包围了德军。

德军为了不被苏军吃掉，连忙调出3个师的力量进行突围，导致近卫第8集团军的右翼在瞬间承受了极大的压力，为此方面军特地调来了坦克第23军前去增援，然而第23军的军长却在战斗中壮烈牺牲，直接影响到了军队的士气。为了挣脱苏军的夹击，德军集中了10个师的力量朝巴什坦卡、新波尔塔夫卡一带突围。糟糕的是，如果苏军不能阻止敌人的突破的话，将会丧失新波尔塔夫卡的弹药库，情况十分危急!

不过，崔可夫毕竟是久经沙场的老将，他见敌人逃脱心切，便在新波尔塔夫卡一带布置炮兵部队，对前来进犯的德军进行猛烈的轰击。随后，崔可夫亲自指挥近卫第4军、近卫第8军以及坦克第23军组织防御。

德军为了突破苏军防线，让士兵不顾生死地疯狂冲锋，在泥泞的土地上留下了成片成片布满弹孔的尸体……景象异常惨烈。当然，这种排山倒海式的进攻也让苏军倍感压力，幸而有两个炮兵连轮番炮击，重创了德军的5个师。

然而，随着战斗的持续，近卫第8集团军的队形渐渐疏松，在新波尔塔夫卡一地仅有两个师驻守。当德军察觉到苏军的薄弱点之后，便集中力量进行冲击，同时动用十几架飞机进行轰炸并靠近了苏军的军械库。崔可夫见状，连忙抽调出一个坦克旅楔入德军部队，延缓了其进攻的势头。

3月14日午夜，狗急跳墙的德军再次向布防在因古尔河的近卫第8集团军发动突袭，结果却遭到了苏军的反冲击，伤亡惨重。不久，苏军又以4个师的兵力迎头痛击德军，将敌人打得晕头转向。经过这两天的激战，苏军终于获得了胜利。

3月18日，近卫第8集团军的第28军攻占了新敖德萨等地，并在随后的两天内渡过了南布格河。然而，由于大批辎重无法运到河对岸，导致苏军士兵的手中只有轻武器，所以在开辟登陆场的过程中一度陷于苦战。最后，注视了河岸许久的崔可夫只得下令放弃进攻，将部队撤了回来。

尽管这一战开头不顺，但是崔可夫在3月21日被华西列夫斯基授予了苏联英雄称号——这是苏联最高的荣誉，与此同时，他还获得了由西南方面军司令马利诺夫斯基颁发的苏沃洛夫一级勋章——这已经是他得到的第二枚了。看着那一枚枚金光闪耀的勋章，崔可夫更加坚定了彻底消灭德寇的决心，否则他就不配戴上这些东西。

面对苏军的强大攻势，德军统帅部异常愤怒。为了夺回失地，德军将A集团军改编成南乌克兰集团军群，而将南方集团军改编成北乌克兰集团军群。与此同时，苏军在分析了当前的情况之后，认为贸然渡河的风险很大，所以最好是采取分散突击的办法。为此，崔可夫调来了一个师全线铺开。这样一来，德军被苏军摆开的架势吓得不轻，为了避免再次被苏军合围，德军连忙向西面逃窜。因此，苏军毫不费力地在3月31日逼近了季利古利斯基河口。

尽管苏军的推进速度很快，但由于其重型武器无法及时跟上，导致了苏军攻击力减弱，无法给敌人造成更大的打击。于是，崔可夫亲自出面着手解决架桥的难题，在2个小时的高强度的操作下终于完成了这个任务，可见苏军战士的行动效率。

苏军的骑兵机械化集群迅速地渡过南布格河，然后经由别列佐夫卡向着拉兹杰利纳亚火车站开过去。与此同时，近卫第8集团军的兄弟部队也顺利地渡过了南布格河，于3月28日攻破了德军在右岸的防御点并占领了尼古拉耶夫，随后强渡了南布格河。至此，苏军突破了德军在巴尔干附近的防线，并极大地制约了A集团军。

面对苏军的步步紧逼，德军最高统帅部只好将第6集团军和罗马尼亚第3集团军退守到了德涅斯特河的对岸。4月1日，崔可夫带领部队成功越过了季利古斯基河。4月4日，苏军第37集团军和机械化集群攻取了拉兹杰利纳亚车站，对驻守在敖德萨的德军构成了威胁。两天之后，苏军到达了哈吉别伊斯基的河口湾，直接面对着敖德萨！

这样一来，德军成了被锁在牢笼之中的困兽无法逃脱，于是他们从4月6日开始便寻求突围，在付出了极大的代价之后终于有一部分幸运儿逃到了德德斯特河。然而剩下的德军，便只能龟缩在城里布置构建防御工事，做着最后的顽抗。

本来，面对敌人的坚固防御，苏军可以采用重炮轰击的办法，但由于敖德萨是一座有着光荣历史的海滨之城，所以崔可夫决定不采用火炮轰击和飞机轰炸的方式，单纯依靠轻武器攻破敌人的工事。与此同时，潜伏在敖德萨的地下工作者们采取了很多措施保护住了宫殿、剧院以及住宅不被法西斯分子破坏。

4月9日，苏军的三个集团军——突击第5集团军、近卫第8集团军和第6集团军外加骑兵机械化集群分别从南、北、西3个方向进攻敖德萨。经过苏军士兵的奋勇拼杀终于在夜间杀进了敖德萨大街。次日凌晨，苏军在坦克部队的配合下将敌人逼到了城中的死角。

法西斯分子的横行霸道，不仅是苏军战士深恶痛绝的，就连生活在这里的百姓们也趁机拿起武器，一面消灭城里的德军，一面救火和排雷，协助苏军攻城。最后，除了港口的建筑物被敌人炸毁之外，其余都得到了妥善的保护。在苏联军民万众一心的努力之下，敖德萨终于在4月10日重新回到了苏联人民的怀抱。斯大林得此消息，欣喜万分，特意让324门火炮在莫斯科红场鸣放24响，庆祝苏军战士的功绩。

进入4月份，苏军的乌克兰第4方面军解放了克里木半岛，夺取了黑海上最重要的海军基地——塞瓦斯托波尔。5月，近卫第8集团军在德涅斯特河一带同德军数次交手，给敌人以沉重的打击。6月5

日，崔可夫的部队被划归到白俄罗斯第1方面军，其任务也转为了在西部主方向上进行作战。这样一来，近卫第8集团军将要在新的战场中上演更加精彩的战争大戏！



## 2. 波兰复国

1944年的夏天，对于崔可夫来说是全新的季节。因为这一年苏德战场的形势与之前相比已经好转了许多。此时的德军，仅仅有中央集团军群、北乌克兰集团军群的部分兵力以及损失严重的北方集团军群，这三个集团军群占领着白俄罗斯的大片土地。当时，德军在这一线集中了120万的兵力，包括66个师、3个旅以及1万门各种火炮、1400架飞机、1000多辆强击火炮和坦克。可见，德军想要凭借这种强大的军事力量负隅顽抗。

苏军为了消灭死守在这一带的德军，得到了苏联最有力的物质支持：工厂加班加点地工作，矿场日夜不停地开采，以此来保证各种战略物资能够及时地输送到前线。当时的夏秋战役的战线长度，从巴伦支海到黑海长达4450公里，苏军投入的兵力达到了660万人，各种火炮的数量达到了98100门，坦克和自行火炮达到了7100辆，飞机达到了12900架。

相比之下，强弩之末的德军仅能够投入430万人的兵力，火炮数量为59000门，坦克和强击火炮为7800辆，飞机为3200架。显然，这样的实力是难以同英勇善战的苏军相抗衡，这也预示着法西斯分子将在这场战役中难以取胜。

在解放敖德萨之后，近卫第8集团军经过整编之后，拥有了6.03

万人的兵力，179辆坦克，500多门迫击炮，2231门火炮。

6月上旬，苏军最高统帅部制定了“巴格拉季昂”的战役计划，将近卫第8集团军作为进攻的主力。崔可夫在接到命令之后，马上赶到了白俄罗斯第1方面军的司令部报到。随后，他部署了一系列工作：检查哨岗，巡视部队以及必要的政治动员。为了保证战斗的突然性，崔可夫严令部下遵守保密措施，成功地骗过了敌人，使其误认为苏军的主攻方向是乌克兰而不是白俄罗斯。

苏军一方面在训练部队，另一方面则加紧发动进攻，组织了莫吉廖夫战役、波洛茨克战役以及明斯克战役等。7月3日，苏军夺回了白俄罗斯的首府明斯克，包围了10多万的德军并将波洛茨克收复，同时进攻希奥利艾在7月5日的时候推进了225公里—280公里，收复了大部分的白俄罗斯领土。

到了7月15日，苏军已经打到了沃尔科维斯克等地，随时准备着向德军发动更大规模的进攻。7月18日，苏军终于在5个集团军的强势进攻之下，消灭了驻守在卢布林的德军，逼近了华沙。

此时崔可夫的任务是，负责向罗德诺以及帕里杜巴等地发动进攻，协助坦克第2集团军作战。然而，尽管德军在苏军势如破竹的攻势之下节节败退。但是他们也逐渐摸清了苏军的战斗规律并由此创造出一种具有针对性的防御方法——弹性防御。

所谓弹性防御，顾名思义，就是当苏军进攻德军时，德军便利用其部队的机动性这一特长而快速收缩从而保存实力，而当苏军纵深进攻时再发动突然性的反冲击，给予其最严重的挫伤。崔可夫在发现德军采用了这一战术之后，立即研究如何攻破它的方法，很快就有了收获。

原来，德军的弹性防御之所以行之有效，主要在于苏军在每次发动进攻之前都被德军侦察到了行踪，因此他们可以根据苏军的进攻特点任意改变阵形或是利用堑壕等防御工事削弱苏军的进攻强度。所以，崔可夫决定改变部队进攻的规律，一旦实行战斗侦察的时候就进行猛烈、短暂的炮击，让敌人无法判断苏军的进攻时间。更高明的是，崔可夫在发动进攻时不断地投入预备队，让德军的反冲击遭到更强烈的进攻。

7月18日，苏军的200多门火炮同时开火，喷吐出了浓黑巨大的烟尘，高速飞行的炮弹如同一颗颗复仇的“雷神之锤”，毫不留情地砸向了德军的阵地。顿时，大地剧烈震颤起来，发出了致命的抖动声。紧接着，德军的北乌克兰集群遭遇了苏军强硬的进攻，一些制高点迅速被苏军占领。随后，近卫第8集团军的主力部队也高喊着“乌拉”向敌人冲去。到了早上7点，苏军攻克了德军的第一阵地，达到了出奇制胜的效果。

德军发现苏军展开了大规模的进攻之后，随即便使用猛烈的炮轰试图阻止苏军的推进速度。崔可夫则调动火炮和飞机同时轰击德军的炮兵阵地，以此来遏制住其火力的强度。到了下午5点，近卫第8集团军终于迫近了德军的第二道防线。晚上，苏军继续发动进攻，不给德军任何喘息的时间。到了第二天早晨，德军的阵地又遭到了苏军火炮的猛烈打击，变成了热乎乎的“土粥”。临近中午时分，苏军已经打到了马舍夫一线。

很快，坦克第11军在崔可夫的号令下冲过了普雷斯卡河，将德军的后路彻底阻断。德军在苏军第47集团军和第69集团军的猛烈攻势之下，只得退回到了西布格河。7月20日，近卫第8集团军尾随着德军强渡过了西布格河并开辟了登陆场。

7月18日，苏军战士们终于踏入了波兰的领土，这也就意味着德国法西斯被彻底地赶出了苏联！至此，苏德战场发生了质的变化，苏联政府随即发表声明：

“苏联部队进入波兰境内只有一个决心，即粉碎纳粹军队，帮助波兰人民从德国侵略者的压迫下解放出来，重建独立的强大的民主波兰……苏联政府不准备在波兰领土上建立自己的行政机构，因为这是波兰人民自己的事。”

由于此次苏联采取了正确的国际政治路线，所以在7月21日协助波兰人成立了波兰民族解放委员会。至此，一个崭新的波兰政府成立了。

为了扩大战果，苏军的坦克第2集团军和近卫步兵第28集团军对盘踞在卢布林的德军进行了合围并在第二天将其攻下。于是，建立在卢布林的马伊达内克死亡集中营的囚犯终于得到了自由。为了庆祝卢布林从德国法西斯的手中归来，波兰人民在扎姆克广场举行了盛大的庆祝仪式，同时波兰第1集团军也进行了隆重的阅兵典礼——德国法西斯在东欧的势力日渐瓦解。

## 3. 解放华沙

在帮助波兰人民建立新政府之后，苏军战士们仍然马不停蹄地追击着德军，以每天30公里的行军速度继续推进，越过了维普希河、西布格河以及维斯瓦河。另外，近卫步兵第4军和坦克第2集团军合围了布列斯特地区的德国第2集团军，使其无法同外界联系。这样一来，苏军就等于堵在了德军东去的大门口，可以随时对其进行致命的围歼。为此，德军统帅部只得调动已经疲惫不堪的第2集团军和第9集团军前去抵挡苏军。

白俄罗斯方面军率领的坦克第2集团军和波兰第1集团军通力合

作，一步步逼向了德军的战斗集群。然而，德军不肯轻易放弃布列斯特这个战略要地，便采用反冲击试图打破苏军的包围。因此，苏军决定暂缓攻势。

在得到上级指示白俄罗斯方面军向华沙方向发动进攻的命令之后，崔可夫和各军军长、师长和其他指挥员一起，在7月30日乔装打扮成当地老百姓，对苏军即将进攻的维斯瓦河展开了细致的侦察。结果，崔可夫发现近卫第8集团军的行动计划并没有被德军识破，因此如果实施突然进攻的计划，其成功率会很大。

不过，由于近卫第8集团军缺乏足够的渡河工具以及炮兵部队，所以上级并不认为其具备了突袭德军的条件。然而崔可夫据理力争，指出现在时机非常宝贵，突然性这一优势胜于武器装备，如果非要等到物资齐全之后再发动进攻的话，德军将很有可能会察觉出苏军的动向，那时一切有利因素都会化为乌有。最后，雷厉风行的崔可夫立下了军令状，终于让上级采纳他的建议。

8月1日清晨时分，崔可夫派出的侦察小组迅速出击，占领了德军的第一道堑壕。为了阻止苏军扩大登陆场，德军动用飞机对已经渡过河的苏军进行了狂轰滥炸。然而，崔可夫的这些部下都是久经沙场的老兵老将，在面对敌人的疯狂打压之下毫不畏惧，保住并拓宽了登陆场。然而在8月3日的时候形势突变，德军将苏军的坦克第2集团军逼向了南部，下一步就会直指维斯瓦河以西的苏军——一个可怕的包围圈正在形成之中！

为了保住胜利果实，苏军的第47集团军从多个地方进攻德军，另外还有3个坦克军去牵制德军。同时，近卫第8集团军的2个步兵师也在北线组织防御。不久，德军的坦克第19军、步兵第17师和第45师也发动了突击，试图用凶悍的批次进攻将崔可夫的部队冲垮。面对如此险状，苏军的近卫第47师闪电般地渡过维斯瓦河前去支援登陆部队，其步兵仅仅使用反坦克枪和手榴弹就把德军的坦克打得落花流水，接连抵挡住了德军的7次进攻。

可是战斗进行到8月6日的时候，苏军越来越难以挡住德军的强攻，为此崔可夫调来了1个波兰坦克旅和3个高射炮兵师前去支援，终于让渡口转危为安。第二天，苏军的工兵架设好了渡桥，为前方苦苦死守阵地的登陆部队输送了大批的生力军。至此，维斯瓦河岸的战况趋于稳定。

近卫第8集团军抢占登陆场的战斗，得到了朱可夫的高度赞赏，他对崔可夫的评价是“以高度的指挥艺术和决心领导了在维斯瓦河上夺取和扼守登陆场的交战”，而白俄罗斯方面军司令罗科索夫斯基也对崔可夫的战场指挥能力和决策能力表示了认可。

苏军在马格努舍夫建立了登陆场之后，在9月6日完成了防御地带的工事建筑，不仅设置了防步兵的铁丝网、防坦克的地雷场之外，还挖掘了2～3条包含避弹所和掩蔽部的堑壕。随后，苏军在9月6日的时候又完成了第二道防御地带的布置，同时还为维斯瓦河搭建了8座大桥，载重量有60吨……这一系列防御工程的建立，保障了苏军发动维斯瓦—奥得河战役的成功率。

从1944年6月到8月，德国法西斯分子的情况越来越不妙：被苏军歼灭了17个师外加3个旅，有50个师伤亡过半，波兰、立陶宛、白俄罗斯以及拉脱维亚等地基本上得到了解放。此外，苏军还打到了东普鲁士境内并将盘踞在法国、比利时和意大利中部的德军赶了出去。至此，曾经在欧洲大陆横行无忌的法西斯铁蹄已经穷途末路，失去了往日的威风。

宜将剩勇追穷寇，越战越勇的苏军自然不能放弃给这头野兽最后致命一击的机会，为此调动集中了部队220万人，迫击炮和火炮3.35万门，自行火炮和坦克7000辆，飞机5000架。与此同时，走投无路的德军也东拼西凑了56万人，迫击炮和火炮5000多门，坦克和自行火炮1200辆以及600架飞机，在维斯瓦河与奥得河之间建立了长达500公里共计7道防线，准备严防死守，顽抗到底。

然而，此时的苏军锋芒毕露，占据天时地利人和等一切有利因素，进攻的矛头直指德国法西斯的老巢——柏林。可笑的是，当时的德军竟然对苏军这个战略意图感觉非常迟钝，甚至误以为苏军进攻的目标是匈牙利，所以犯了分散兵力的错误，在布达佩斯布置了55个师的兵力，而在东普鲁士布置了26个师。

在苏军发现了德军的这个犯了致命错误的战略部署之后，采取了集中优势兵力突击的方式，将重兵压在柏林这一主攻方向上，以此来对德军构成战略分割。苏军最高统帅部调动乌克兰第1方面军朝着弗罗茨瓦夫方向挺进，指示白俄罗斯第1方面军以波兹南为目标行军。这样一来，苏军将把德军一分为二，然后再对其各个击破。

由于苏军非常重视维斯瓦—奥得河战役，因此让朱可夫出任了白俄罗斯方面军的副最高统帅，原来的罗科索夫斯基担任白俄罗斯第2方面军的司令员。随后，朱可夫来到普瓦维登陆场和马格努舍夫登陆场考察军队的部署情况。当时，白俄罗斯第1方面军的任务是以波兹南和库特诺为进攻方向，由于线上的敌军重兵防卫，所以苏军集中了大量的战略物资备战，一共调集了23个师、5348门火炮。

对于崔可夫来说，大战在即，守敌顽固，因此做好必要的战前准备是取胜的关键。为此，他派出侦察部队进行夜间搜索，获取与德军有关的重要信息和资料。在由朱可夫主持的战前会议上，崔可夫发表了关于德军部署情况的看法和建议，他认为如果部队发动进攻的话，肯定会遭到德军的猛烈反冲击，所以苏军只能依靠强大的反坦克预备队、航空部队以及其他兵种去破坏德军的反击。

然而一件意外的事情发生了：英美联军在阿登战役中遭遇失

败，导致了欧洲战场的形势发生了变化，为此斯大林接受了丘吉尔的请求，将对德军发动进攻的时间定在1月14日，这样就能给德国法西斯造成压力，协助英美联军。很快，苏军的各支部队都火速赶到了出发阵地并及时地调整了作战计划。

尽管1月14日雾气浓重，但是苏军还是决定按照原计划发动进攻。8点30分，白俄罗斯第1方面军火炮齐鸣，将无数发怒吼的炮弹推向了德军的阵地。8点55分，近卫第8集团军的先头部队奔向了德军阵地，很快就突破了德军的前两道堑壕。到了11点，崔可夫指挥部队再次对德军的第二防御阵地发动了进攻，占领了斯特罗梅茨—波德列谢。

1月15日，崔可夫指挥部队采用炮兵、步兵以及坦克兵的组合形式对德军又一次发动了猛攻，迫使敌人向伐尔卡—腊多姆铁路线撤退。随后，崔可夫在恰尔内卢与友军偶遇时，忽然发现了德军凭借其在车站的建筑物和森林天险，用机枪和反坦克炮封堵了近卫第8集团军的进攻道路。倘若不能破坏敌人的这个火力配置，将会直接影响到苏军的进攻速度。

也许是上天注定要让法西斯分子遭遇失败，正在崔可夫琢磨着如何尽快铲除这个隐患的时候，忽然有一个“喀秋莎”火箭炮旅路过此处，于是崔可夫赶紧命令这个炮旅瞄准德军占领的铁路路基发射，同时集团军的装甲兵部队和近卫第29军也一起出动，将毫无防备的敌人一网打尽。这样，近卫第8集团军轻而易举地就完成了攻破敌人防线的任务。

然而，随着苏军战线的不断推进，其后勤保障也开始遇到了压力。为了让弹药、燃料等物资及时地运送到前线，崔可夫召集了后勤部、军械部、油料处等部门的负责人，召开了一次专门的研讨会，制定了比较详细的战略物资运输计划，确保了战斗的持续开展。

1月15日，苏军在突破了德国第9集团军和近卫坦克第4集团军的防御之后，连忙调动1个坦克军封堵A集团军被打通的缺口，却遭到了德军的反击。晚间时分，位于尼达河到皮利察河之间的防线被苏军突破，这一下子惹怒了希特勒，因此他马上撤掉了A集团军群司令的职务，换上了他的亲信舍尔纳，可是这位宠儿仍然未能带领德军有什么作为。

相比之下，崔可夫率领的近卫第8集团军每天推进40公里，先后攻占了拉瓦—马佐维茨卡这个公路枢纽，让德军没有退路。为了保证部队行军的速度，崔可夫将辎重全部留在了第二梯队。另外，崔可夫还从先头部队中抽出了一支先遣部队，以快速的行军给敌人造成出其不意的打击。很快，近卫步兵第39师打退了德军坦克第25师的阻击，随后与近卫第79师会合。

不久，苏军解放了腊多姆并渡过了维斯瓦河并在索哈切夫一带形成阻断，堵住了德军华沙集团的后路。1月17日，华沙解放。

## 4. 拿下波兹南

消灭驻守在华沙的德军之后，白俄罗斯方面军已经前进到了华沙到柏林的交通干线，随时准备对德军发动更大规模的进攻。面对苏军的迅猛攻势，强弩之末的德军毫无招架之力，到处都是溃散的败兵和冒着黑烟的装甲车辆。不仅如此，苏军的乌克兰第1方面军也在夺取了扎维尔切等地之后向着西里西亚工业区包抄而来。白俄罗斯第2方面军也在1月19日占领了姆瓦戈、莫德林等地，逼近了但泽等城市，随时都有可能包围德军的东普鲁士集团。

在这种战况有利的情势下，崔可夫认为应该集中兵力，分配好梯队编制，从而给德军构成致命的打击。不过就在这时，近卫第8集团军也面临着双重选择：可以留在罗兹城下准备攻城，也可以绕开它继续推进而让后续部队负责破城。经过一番深思熟虑，崔可夫决定和近卫坦克第1集团军一起出击攻占罗兹城，免除后患。但是，这个计划并不是在上级的授意之下，然而崔可夫仍然冒着风险攻城——因为他非常清楚捕捉战机的重要性。

1月19日，崔可夫指挥部队并在友军的配合下终于攻下了罗兹城，守城的德军由于没有任何防备所以仓皇逃出，让城内的发电厂、水厂以及居民区都完好无损地保留下来。为了庆祝这一胜利，莫斯科动用了224门礼炮鸣放了20响。

在攻下罗兹城之后，苏军的大部队快速向着西面推进，很快就打到了波兹南。然而由于苏军第69集团军未能及时跟上友军，导致位置突出的近卫第8集团军遭受到了德军的威胁。在这种情况下，方面军要求崔可夫改变部队的前进方向，先消灭波兹南地区的德军。可是，波兹南的防御工事是由大名鼎鼎的筑城专家沃班精心设计的，构建的精度和强度绝非一般城池可比——在其坚固的堡垒群当中还增加了核心堡，想要迅速攻破并不容易。

为了弄清这座城市的防御结构和火力配属，崔可夫派出了侦察支队反复探明了德军堡垒群的位置、特点等情况，同时还了解了瓦尔塔河岸的德军兵力部署状况。终于，崔可夫发现了非常有价值的情报：虽然波兹南的城区和要塞有重兵把守，但是驻守在瓦尔塔河的德军却少得可怜。

久经百战的崔可夫知道，如果部队攻打波兹南的话，将会付出很大的代价，将给正在逃窜的德军摆脱苏军追击的时间。另外，崔可夫在联系了友军之后，又得到了德军正在弗罗茨瓦夫要塞和施耐德米尔市构筑防御体系的消息。最终，崔可夫在权衡利弊之后决定暂时不去啃波兹南这块“硬骨头”，而是继续推进。与此同时，方面军司令朱可夫也认为苏军攻击的重点目标不应在这里，所以给近卫第8集团军安排了新的任务。

这个新任务就是向凯米、普利蒂什奥托罗瓦以及赫利茨方向发动进攻。1月26日，近卫第8集团军调出近卫第4军和第28军绕开波兹南，仅用了短短两天的时间就推进了60多公里。被威胁到国境的德军惊慌失措，赶紧加强了梅泽里茨的防御。与此同时，崔可夫留下部分兵力继续围困波兹南，而坦克部队则顺利渡过了瓦尔塔河，到达了尤尼科沃等地。

驻守在波兹南的德军，知道自己已经被苏军团团围住而且失去了策应，因此严防死守，丝毫不敢懈怠。但是，苏军要想彻底拿下这座城市依然存在难度，因为波兹南大约有6万多的守敌，凭借其各个坚固的火力点妄图与苏军对抗到底，并叫嚣着让每一个进攻者都暴尸荒野。此外，德军还在城市的外围设置了大量的反坦克壕和野战发射阵地，就连防空火力网也精心设置，炮手们都安全地躲藏在坚固又隐蔽的防御工事之内，极难对付。

面对如此坚固的城池，崔可夫必须要找到其中的弱点，否则苏军将会在波兹南消耗大量的人力、物力。经过决策层的头脑风暴，崔可夫决定采用三面挤压、一面围歼的战术攻城，调动近卫步兵第39师进攻城北并故意留出西面作为引诱德军出逃的缺口，同时还指示近卫步兵第27师和第74师攻击城南，给敌人造成压力。

计划敲定之后，崔可夫在1月26日，指挥着部下向波兹南发动了进攻。可是，近卫步兵第27师和第74师并没有完成任务，仅仅夺取了城南的两个堡垒和瓦尔塔河西岸，而近卫步兵第39师的诱敌出城策略也未能奏效。崔可夫这时才意识到，德军有着充足的粮食和弹药，自然不可能轻易弃城而逃，所以必须要采用新的战术才行。正在这时，在崔可夫的脑海中忽然闪现出了斯大林格勒会战中的场面……

当时，崔可夫率领的第62集团军在破烂的城市中顽强挡住了德军的进攻并派出了势如尖刀的强击队，给敌人以重大挫伤。如果将这个战术运用在对付波兹南守敌的战斗中，想必同样会有效果。于是，崔可夫决定实施先用强击队和强击群对敌人攻击然后再以主力部队冲垮其防线的战术。这样一来，波兹南守敌引以为豪的坚固防御部署将会被苏军凌厉的攻势所破坏，近卫第8集团军将在对方动摇的防御中找寻有利的缝隙给敌人致命的一刀!

在发动攻击之前，崔可夫先是向驻守在波兹南的德军发布了最后通牒——自然遭到了对方的漠视，不过这也坚定了苏军攻下波兹南的决心。在确定劝降无效之后，崔可夫一边调动部队一边重新配备加强兵器，开始了进攻波兹南的行动。1月28日，几千门火炮在苏军的阵地中齐声怒吼，喷射出成千上万颗可怕的炮弹，狠狠地击碎了波兹南的军事要塞，同时大量的飞机也对这座坚固的城市进行了轰炸，将德军核心堡的地面防御工事尽数摧毁。

遭到了苏军强势攻击的德军，选择了躲在地下工事里默默固守。然而，崔可夫的进攻并没有就此停止，他为前去破城的强击队配备了大口径的重炮连，让战士们在密集而猛烈的炮火轰击下杀进了波兹南城的中央入口，可是由于德军的火力太强又不得不退了出来。为此，苏军改换了战术，让重炮兵使用混凝土破坏弹轰击德军堡垒的射击孔以此来压制其火力，同时还将强击群分成三路，由多个方向进攻德军，终于拿下了名为“博宁”的堡垒。

2月5日，近卫第8集团军将驻守在波兹南居民区的德军消灭干净并围困住了核心堡，使敌人龟缩在其中无法动弹。但是，苏军要想拿下它还是很困难，203毫米的火炮轰击在核心堡的外墙壁上就像温柔的亲吻一般没有破坏力。而且，核心堡居高临下，不仅有壕沟保护其外围而且还有暗炮台保护，让步兵难以从外面将其攻破。不仅如此，核心堡里的1.2万德军都是顽固分子，他们不仅死心塌地地为希特勒卖命，而且还在督战队的枪口之下断了退路。

鉴于这种情况，崔可夫认为苏军不应该马上进攻核心堡，而是等到炮兵、航空兵、坦克兵准备充足的前提下再发动进攻，而且最好还是要找到核心堡的弱点。终于，苏军在2月18日用重炮对核心堡猛烈轰击并洞穿了一个缺口。紧接着，苏军的火炮又瞄准了缺口边缘进行射击并派出了工兵埋设地雷、火药桶将核心堡外围的壕沟炸平。

2月21日，苏军的工兵在壕沟上架设了一道桥梁，在次日又摧毁了土围墙和壕沟外墙，为坦克部队铺平了道路。凌晨3点，苏军的坦克第259团、重型坦克第34团以及自行火炮也随后进入核心堡。

为了增加破城的火力，近卫步兵第27师和坦克第259团、第34团，将点燃装满汽油的大桶扔进了核心堡的主要入口。要塞司令克内尔见大势已去便畏罪自杀，其部下倒是没有效仿长官，而是乖乖地缴械投降了。于是，苏军在历尽30天的血与火的洗礼之后，终于在2月23日解放了波兹南。为纪念这次战役的胜利，莫斯科的224门礼炮再次鸣放20响，庆祝苏军战士用鲜血又一次书写了新的战场传奇。

# 第九章 战斗在法西斯的巢穴

# 1. 踏入德境

1月28日，崔可夫指挥着近卫第8集团军攻入了德国境内。饱受法西斯蹂躏的苏联国土，终于恢复了往日的宁静与纯洁，苏军战士也由此逼近了恶魔的老巢。当时，近卫第8集团军身处主攻方向，更是担负着重要责任。朱可夫命令崔可夫带着部队和其他友军一起从奥得河出发向着西面快速推进，进攻方向为伯伊森明、布科夫以及旧兰茨贝格。

虽然德军大势已去，但这并不意味着苏军在任何地方都能长驱直入，而且由于其推进速度较快，致使后勤补给压力持续增大。无论弹药还是汽油，都越来越难以满足行军和战斗的消耗。为此，崔可夫提倡苏军使用从德军那里缴获的物资来补充部队的消耗，同时还加强后勤运输部队的安全工作——在各个渡口设置阻截队，防止德军从中进行破坏。另外，崔可夫还命令从前线往返的空车采用拖挂的办法节省油耗。

1月31日，崔可夫率部与近卫坦克第1集团军配合，成功拿下了梅塞里茨筑垒地域，消灭德军1.5万人，俘虏敌人2万多人。随后，近卫第8集团军向森林地带挺进，在清扫了小股的敌军之后终于来到了奥得河边。

奥得河发源于捷克斯洛伐克境内，全长725公里，是柏林的门户。在奥得河与其支流瓦尔塔河的交汇处，有德国东部最大的筑垒地域，如科斯钦要塞等。在奥得河与瓦尔塔河上有几座桥梁，另外几条最大的铁路和公路干线也都交汇在这里。一旦苏军将奥得河攻占的话必然就打开了通向柏林的大门。

2月1日，近卫第8集团军赶到了奥德河畔，为了夺取这个战略要地，崔可夫在缺少重型武器的情况下派出近卫步兵第28军和近卫步兵第4军星夜兼程，强渡奥得河并开辟了登陆场，同时攻占了曼什诺夫、科斯特钦南郊茨基、克列辛等地。

2月2日上午，崔可夫来到近卫步兵第4军的一个观察所。借助炮队镜他发现已经结冰的奥得河冰面十分脆弱，不仅重武器无法通过，就是步兵也难以安全地走过去。然而就是在这种不利的条件下，苏军战士仍然带着杆子、木板和干树枝边走边铺，竟然还将反坦克炮放在自制的滑橇上运送了一部分过去。然而，德军的飞机不断地轰炸苏军的渡河部队，而苏军又缺乏防空武器，因此只能使用反坦克枪和机枪去攻击敌机。

苏军在这样严酷的战斗环境下，勉强在奥得河的左岸开辟了几个很小的登陆场。幸好苏军的高射炮兵第16师赶来支援，这样才让渡河的步兵得到了保护。2月3日拂晓，近卫第8集团军再次发起进攻，德军的飞机在苏军高炮部队的打击下接连坠落在河里，如同一只只被拍死的苍蝇。于是，苏军的近卫步兵第35师、第47师和第79师顺利渡过奥得河。紧接着，崔可夫下令登陆部队继续扩大战果将登陆场连成一片。

但是，由于苏军缺乏火炮和坦克的支持，因此无法加快向西的推进速度。此时对于苏军来说，应该尽快地架设舟桥或者桥梁，然而这些必需物资仍然在后方，无法及时运送到。不过，登陆部队的指战员也发挥了英勇无畏的作战精神，粉碎了德军多次的反冲击，保住了登陆场。至此，苏军第1梯队的4个师全部渡过了奥得河，初战告捷。

尽管苏军的部分先头部队渡过了奥得河，但是其补给线却越拉越长，部队的减员也难以得到及时的补充——近卫第8集团军的每个团只有两个营的兵力，其他友军部队的情况也基本一致。更糟糕的是，德军的空中部队目前也占据着优势，对苏军进行着频繁的进攻，而苏军的航空部队由于机场改建无法配合地面部队的行动。

与此同时，德军增加了在东波美拉尼亚的兵力部署，并将其划归到了维斯瓦河集团军群当中，以此来抵御渡过奥得河的苏军。因此，白俄罗斯第1方面军承受了极大的压力，于是不得不将波兰第1集团军和第3集团军调往波美拉尼亚，而让第47集团军和第61集团军连同近卫骑兵第2军攻向北方。此外，苏军的近卫骑兵第7军和两个坦克集团军也配置到方面军的右翼。

崔可夫得到了最高统帅部的指示，暂时放弃了向柏林突击的计划改为扩大和巩固奥得河岸的登陆场，从而增加攻克柏林的胜算。于是，近卫第8集团军和第5集团军确定了以渡过奥得河和攻取科斯钦要塞为目标。

然而，科斯钦要塞易守难攻，苏军又缺乏渡河工具和重型火炮，还得不到方面军的有力支持，崔可夫只好动员部下尽可能地搜集武器弹药，集中了从德军手中缴获而来的105毫米火炮连同6.5万发炮弹。终于，苏军在奥得河左岸开辟了宽约12公里、纵深达8公里的登陆场，而第5集团军则攻占了科斯钦市的部分要塞，战况渐佳。3月下旬，两支队伍经过数次战役之后终于使彼此之间的距离缩短到了3公里——只隔着一个核心堡。

这个核心堡位于奥得河与瓦尔塔河及其支流冲积而成的岛屿上，外围只有堤坝和路堤可以接近它。驻守在此处的德军建立了范围广大的射击点、避弹所、暗堡、雷区以及铁丝网，成了阻止苏军将登陆场连成一片的最大障碍。崔可夫和第5集团军决定寻找弱点摧毁这颗钉子。

3月22日上午，近卫第8集团军和突击第5集团军同时发动进攻，首先消灭了科斯钦到泽诺夫高地的德军，将敌人拦腰斩断，让核心堡成了一座陷于苏军包围的真正孤岛。不过，由于这里地势狭小，非常不利于大兵团机动作战，因此崔可夫决定采用攻其一点的策略迫使敌人尽快投降，动用了由炮兵和航空兵组合的方式对核心堡发动了进攻。

为了确保在火炮发射时不会误伤到己方，崔可夫率领集团军炮兵司令和几位师长来到了部队的出发阵地，详细查看了地形，最后做出了将3个重炮连转移过来的决定。同时，崔可夫还命人在堤坝的前沿安放了标志，让炮兵在射击时有着明确的瞄准点。此外，他打破了大编制进攻的常规策略，改用了以连为单位的小编制的作战形式。

3月28日，苏军的轰炸机和强击机对核心堡的防御工事发动了瞄准轰炸，让德军灰溜溜地从永备工事中撤到了野战工事里。第二天，苏军的空中力量再次对敌人的永备工事进行突袭性的轰炸，致使德军只能继续躲在野战工事里唉声叹气。与此同时，苏军的炮兵对敌人的野战工事发动了猛轰，步兵则乘坐各种船只登上岛屿。

准备工作完成之后，近卫第8集团军的总攻开始了！步兵冒着枪林弹雨占领了将近400米宽的登陆场，随后在炮兵的掩护下冲进了被打开缺口的堤坝。由于德军的抵抗火力太过猛烈，致使苏军被迫改变了方向，最后以猛攻一个缺口的打法接连破坏堡垒的防御，终于以点带面地攻下了整个核心堡。至此，近卫第8集团军和突击第5集团军的阵地终于连成一片，为攻克柏林赢得了良好的开局。

## 2. 向柏林进攻

1945年1月4日中旬，曾经不可一世的德国法西斯分子遭遇到了接连的挫败：在西线，德军鲁尔集团被盟军包围，易北河、莱比锡和汉堡等地都面临着失守的危险；在东线，其老巢柏林已经被迫近的苏军所威胁，奥得河与尼斯河危在旦夕。不过，战争狂人希特勒仍然不死心，将214个师外加14个旅的兵力集中在这里，摆开了和苏军一决高下的架势。

在柏林一带，德军部署了100万人的兵力，其中包括步兵师48个、摩托化师9个、坦克师6个以及其他武装力量，他们的重型武器包含1万多门火炮、1500辆坦克、3300架飞机，还抽调出陆军部的8个师加强了防线，另外增加了200个国民突击队营，让参与固守柏林的总兵力达到了200多万人。

为了守住大本营，德军最高统帅部采取了一切措施加固了柏林的防御体系。应该说，柏林占据着天然的地理优势。这里有密集的湖泊、众多的河流，构成了一道道屏障，让坦克等装甲部队望河兴叹，就连相对灵活的步兵也难以从中穿越。在奥得河—尼斯河一带，德军还修建了三道纵深达20公里～40公里的、号称是坚不可摧的防御障碍。

此外，德军还在柏林防御区建立了三层防御梯次：距离市中心半径24公里～40公里的外阻击区；距离市中心12公里～20公里的外城廓：沿着柏林环城铁路构建的内城廓。同时，柏林的市区内还遍布着大大小小的反坦克障碍物、街垒以及各种混凝土工事，连居民的窗户都被改造成了可以射击的致命洞口。显然，德国法西斯试图建造一个支系庞大的巨型堡垒，阻挡苏军前进的脚步。

柏林除了具有强大的防御构造之外，德军还在这里建立了城防司令部，将市区分为8个防御区以及一个特别防御区。为此，城防司令部还命令守军凭借地下水道和地下铁道等工程做好迎战准备，连街道与小巷都成了整个防御体系中的一部分。

尽管柏林看似固若金汤，但是相比之下苏军的优势还是更大一些。为了最终拿下这座具有象征意义的城市，苏军集中了250万的兵力，加上41000千门迫击炮和火炮，6250辆坦克和自行火炮，飞机也达到了7500架，远远超过德军的实力。

苏军对各个方面军的任务进行了分配：白俄罗斯第1方面军负责主攻柏林；白俄罗斯第2方面军将在战役打响之后的第4天渡过奥得河，歼灭什切青集团并夺取安克拉姆等地；乌克兰第1方面军则负责消灭柏林南部以及科特布斯等地的守敌并占领贝利茨、维腾堡等地。

根据最高统帅部的战略部署，近卫第8集团军、第3集团军、第47集团军以及突击第5集团军从科斯钦一带登陆并力争在战役打响的第一天攻破德军的前两道防御线，占领泽洛夫高地，确保坦克第1集团军和近卫坦克第2集团军在纵深6～9公里处发动进攻。

为了保证战役的顺利进行，白俄罗斯第1方面军派出侦察机对柏林的布防情况进行了细致的侦察，随后根据拍摄的照片和抓获的俘虏制定了详细的图表和作战步骤。另外，后勤部门将德国铁路的路基改造成了与苏联机车轨道相同的宽度，让弹药和燃料等战略物资可以直接从国内运送到前线，节约了时间，从而保障了战斗的持续进行。

苏军为了保证战斗准备的秘密性，还特意将装有炮兵和坦克部队的火车进行了小心的伪装并在日落之后悄悄运送到各个掩体之中。同时，任何有关登陆工作的准备一律改在夜间进行。最重要的调整是，苏军不再采用以往那种将战斗侦察发展成为全面进攻的战术，因为敌人对这一切已经了如指掌。因此，苏军采用了在进攻的前两天实施战斗侦察，找出德军防御前沿的确切位置并用强烈的光束压制德军然后在夜间发动总攻。

当时，近卫第8集团军的任务是突破德军在霍尔措夫以及萨克森多夫村一带的防御并朝着加尔策伊、特雷布尼茨等方向推进。崔可夫在勘察了地形之后，了解到德军最重要的防线是泽洛夫高地。由于4月份是汛期，因此奥得河的主河床到塞洛高地一段的河谷中布满了沟渠，草地被淹没，耕地也变得异常泥泞。因此，奥得河附近的交通要线几乎都无法利用，对于崔可夫而言，部队只有4条可通行机械化部队的狭窄通道，稍有不慎就会陷入泥坑之中。

泽洛夫高地位于河谷以上，可以将近卫第8集团军的行动情况尽收眼底。为了抵挡苏军的进攻，德军在奥得河河谷与泽洛夫高地部署了6个师并分成了两个梯队，加大了防御的力度。

为了攻破德军的防线，崔可夫在正面攻击线上布置了77个炮兵团、10辆坦克和自行火炮团外加1个强击航空兵军。4月14日清晨，苏军派出了侦察营攻占了德军的第一道防线。到了4月16日，近卫第8集团军的上千门火炮同声齐吼，让敌人闻风丧胆的“喀秋莎”火箭炮也接连怒射，将整个战场震颤得左右晃动。随后，几千枚信号弹腾空跃起，1750台探照灯同时点亮，将德军的阵地照得如同白昼，致使很多敌人在仓皇之中成了阶下囚。

苏军继续向前推进，然而崎岖泥泞的道路却给机械化部队带来了不小的麻烦，而且德军的火炮也时刻进攻着苏军，让其难以快速行进。当近卫第8集团军好不容易到达豪普特运河时，又因为暴涨的河水而无法逾越。仅有的几座大桥也在德军的炮火封锁之下让人无法靠近。出于无奈，崔可夫请求空中部队进行支援，在航空兵的保护下终于将步兵和装甲部队运送到了泽洛夫高地。

然而，就在苏军试图一鼓作气攻下高地时却遭到了事先埋伏好的德军的炮轰，顿时弹片横飞，苏军损失惨重。于是，崔可夫只好命令炮兵调整瞄准点，集中轰击通向泽洛夫等地的道路支撑点，可惜效果并不明显。后来，朱可夫又将近卫坦克第1集团军和独立坦克第11军投入战斗，可是由于道路的狭窄难以发挥机械化部队的作用，反而给整个军队的推进造成了阻滞，所以泽洛夫高地仍然被德军掌控在手中。

由于战况越来越恶化，崔可夫不得不重新反思苏军的战术。他认为，苏军之所以在以往的战斗中攻破德军的防线，主要在于敌人通常将重兵放在第一道防线内，因此苏军只要集中火力攻破第一道防线就可以顺利消灭敌人。然而泽洛夫高地则不同，德军不仅在前三道防线中布置了重兵，而且还在纵深位置部署了强大的预备队，让奥得河到柏林这一带的广泛地区成了绵延不绝的筑垒地域，给苏军的进攻造成了极大的困难。

为了应对德军采用的新型防守战术，崔可夫趁着夜幕降临将炮兵阵地转移，目的是给敌人造成猝不及防的打击。另外，崔可夫还调动部队向其他方向实施突击，为攻占泽洛夫高地创造了有利的外围条件。这样，苏军攻占柏林的胜算越来越大，胜利就在眼前!

## 3. 最致命的一击

4月17日上午10点，近卫第8集团军又一次发动了对泽洛夫高地的进攻，由于崔可夫部署得当，苏军很快就洞穿了德军的防御并挡住了其数次的反冲击，一鼓作气打到了盖尔斯多夫、旧罗森塔尔以及维茵台格湖一线。在苏军强大的攻势之下，德军的第二道防线也被攻破，泽洛夫高地终于被拿下。

4月18日，德军集结重兵试图阻挡苏军凌厉的兵锋，头脑冷静的崔可夫决定不以占领地盘为目标而是以消耗敌人有生力量为根本同德军进行周旋。经过一天的激烈战斗，苏军终于攻下了特雷布尼茨·杨斯菲尔德地区。

4月19日，白俄罗斯第1方面军又一次发动了进攻，近卫第8集团军一马当先，占领了明赫贝格、贝伦多夫等地。这样一来，苏军的阵地越来越大，有利于大兵团的机动作战，其机械化部队也有了自由发挥的空间。4月20日，近卫第8集团军攻破了德军的第4道防线，其他友军也继续推进。于是，德军在奥得河—尼斯河一线的防御被破坏殆尽，苏军的大部队正向着柏林昂首阔步地进发！

1945年4月21日，突破了重重障碍的苏军，终于在彼得斯哈根、贝尔瑙、吕德斯多夫、埃尔克纳、乌斯滕豪森地区推进到了柏林环城高速公路。近卫第8集团军的任务是转向柏林的南面和东南面收住包围圈，不让德军有逃窜的机会。

然而，此时的近卫第8集团军正在城区内同德军进行鏖战，所以改变进攻的方向将会遭到敌人猛烈的反冲击。因此，崔可夫决定要采用一种平缓的、渐进的办法将部队进行转移。4月22日，崔可夫率领部队来到了柏林城郊，借着夜幕的掩护渡过了达米河与施普雷河，顺利地开辟了登陆场。

4月23日，近卫第8集团军在达米河往西的市区内同德军展开了战斗。由于敌人占据着地利优势，导致苏军在进攻的时候经常会遭到对方出其不意的打击——类似于斯大林格勒战役中苏军对德军的巷战。为了减少部队的伤亡，崔可夫建立了后方警卫队，负责保护部队后方的安全，效果十分明显。

4月24日，崔可夫指挥部队向德军发起全线进攻，把敌人压缩在市中心一带。经过一番激战之后，近卫第8集团军终于和乌克兰第1方面军在舍威德机场胜利会师。于是，德军的柏林集团就被苏军拦腰斩断，其指挥和调动都无法统一。随后，苏军继续向柏林的市中心发动进攻，决心将德国法西斯彻底消灭。

4月25日，一个值得纪念的日子到来了——乌克兰第1方面军的近卫步兵第58师和美国第1集团军的步兵第69师的巡逻队在易北河的托尔高地区胜利会师，这意味着两个抗击法西斯主义的国家终于在战场上谋面了。双方军队的战士们积极地合影留念，让这一激动人心的时刻永载史册。

随着苏美两国军队的会和，德国法西斯的末日也即将到来。此时，德国已经分成了两个部分：南部由凯塞林元帅指挥，包括德国的东南部、半个捷克斯洛伐克、大部分的奥地利、南斯拉夫的西部以及意大利的北部；北部由邓尼茨指挥，包括丹麦、挪威、半个普鲁士和东部的一些堡垒——而柏林正是最后一个。

当时，苏军已经从东面、西面和西南面向柏林的城区发动进攻，而德军的柏林集团基本上被苏军杀伤得支离破碎，在市区内仅有一些零星的火力点、要塞和掩蔽部尚有部分人在负隅顽抗，其中还包含着不少被希特勒哄骗着拿起了武器的德意志少年。毫无疑问，德国法西斯的末路就在眼前，这是任何有理智的人都能看到的。然而，有一个疯子却固执地认为，德国仍然存在胜算的机会，这个人就是阿道夫·希特勒。

1945年4月22日下午3点左右，德军最高统帅部在帝国办公厅里举行了最后一次大型的作战会议，希特勒亲自主持。在这一次会议上，妄图称霸世界的希特勒终于承认德国已经输掉了这场战争。

由于苏军已经从东、北、南三个方向逼近柏林，所以希特勒不得不将部队全部撤回到市区坚守柏林。会上，希特勒还给当时的海军元帅邓尼茨发了一封电报，让他尽其所能为保卫德国的命运而战。另外，希特勒还表示自己将会用自杀的方式结束自己的生命。

尽管柏林被盟军攻克是毫无悬念的事实，但是对于那位战争狂人及其帮凶来说，法西斯仍然存在着侥幸生还的可能。参谋长克莱勃斯不断地用电话向柏林城防司令魏德林报告好消息：温克带着部队前来“救驾”、3个装备精良的营队火速赶到、邓尼茨派来了最优秀的士兵增援柏林……然而，魏德林将军并没有跟着他们一起头脑发热，他在巡视了柏林之后，立即明白了德国的末日即将到来。

但是，苏军要想彻底攻破柏林，也会遇到不小的麻烦，而这个麻烦跟德军在斯大林格勒遭遇的状况非常类似，那就是城市巷战。崔可夫认为，坦克部队不能像以往那样排成纵队顺着街道前进，而是应该在步兵、炮兵的协同配合之下作战，这样就会避免坦克侧翼遭到反坦克武器攻击的弱点。

1945年4月25日，苏军对德国法西斯的老巢柏林最后一次的强攻开始了。在此之前，这座象征着第三帝国从辉煌走向败亡的城市已经遭到了英美联军的轰炸。然而驻守在这里的德军大部分都是狂热追随希特勒的顽固分子，他们躲藏在火车站、房屋和地铁站中进行顽抗。

不久，近卫第8集团军从南面向市中心发起了进攻，以强击群和强击队作为主要编制，在坦克和重炮的协助下迅猛突进，同时还派出了工兵和迫击炮小分队灵活应战。崔可夫很清楚，在这种时刻绝对不能给德军任何喘息的机会，必须一鼓作气地打击敌人。为此，这位经验丰富的指挥官使用了很多新战术。

首先，崔可夫制定了正确的城市作战方针，他鼓励各级指战员、各兵种的战士们发挥其主观能动性，根据战况运用灵活的战术来打击敌人。于是，苏军对柏林市中心的每一条街道、每一栋楼房和每一个掩体都进行了小心翼翼地推进，避免因过快推进而中了德军的埋伏。

其次，在具体的战斗中，崔可夫还指示强击队在行动中一定要避开那些笔直的街道，而是从那些被打开的缺口、篱笆门、后门以及庭院对德军进行突然性的攻袭，同时还要在战斗中小心德军埋放在建筑物中的各种地雷。总之，崔可夫强调苏军要在行动中根据不同的目标采用灵活多样的战术，在进攻一个街区的时候采用分割战术，避免单一方向的进攻，而是从多角度、多侧面实施突击。

最后，在武器和兵力的选用方面，崔可夫要求部队根据不同建筑物的情况而选择武器的种类。在巷战中，自动武器是首选，由于在城市防御中坚固的工事和固定的射击点比较多，所以大口径的迫击炮、火炮、坦克炮作为支援步兵进攻的火力输出，并以直接瞄准的放射攻击德军的坚固防御点，给敌人造成沉重的打击。

在苏军强有力的攻击之下，德军被迫缩小防线，一边疲于应付一边仓皇后撤，无论其人员配备还是武器密度都在日渐减少减弱。当然，苏德两军在狭小的空间里战斗，对双方来说都是一种考验。因为场地的狭窄限制了军队阵形的排列，所以战士们只能采用近身肉搏的方式展开厮杀。

4月26日，苏德两军在选帝侯大街教堂前广场上进行了一场浴血搏杀，苏军的重型坦克第34团勇猛地冲向敌人，以迅雷不及掩耳之势夺取了两条纵贯南北的铁路线，创造了以一辆坦克抵挡100人进攻的传奇战绩。

4月27日，近卫第8集团军攻抵德军的最后一个堡垒——蒂尔花园。这里聚集了帝国办公厅、国会大厦以及希特勒的大本营。作为最后一道防线，蒂尔花园的坚固程度自然非同寻常，它有着椭圆的外形，长8公里宽2公里，西面是一个园林和动物饲养区。在园林中心有着两座六层钢筋混凝土的掩蔽部，墙壁足有2米厚，同时还安置了不少瞭望孔和射击孔，可以保护设置在这里的指挥部、通信枢纽部以及防空司令部。

蒂尔花园的掩蔽部也修建得十分合理，在掩蔽部的顶部配备了高炮连。在花园的周围还有流动的河水随时可以阻挡进攻的苏军。河岸都是用混凝土浇灌制造的，地势陡峭，在桥梁附近埋放了地雷同时配备了机枪。除此之外，蒂尔花园还藏着德军的隐蔽建筑物，随时有可能对进攻者造成威胁。为了抵挡苏军的进犯，这里驻守了党卫军中最有战斗力的精锐部队。

在蒂尔花园东部的大型建筑群之中，有一座由很多又重又大的方柱支撑起来的有棱角的建筑物，它占据了整个福斯大街——这就是著名的帝国办公厅。在这个建筑物的下面，是希特勒的藏身之处，与他一起躲在这里的，还有戈培尔、鲍尔曼、克莱勃斯以及其他高级官员，共有600多人。

在帝国办公厅北部靠近勃幸兰登堡大门附近的是国会大厦，它在历经多次轰炸之后已经成了一个纯粹用作防御的巨型堡垒，附近的歌剧院、博物馆以及宫殿也都成了德军顽抗苏军的火力支撑点。苏军为了攻克德军这些最后的屏障，付出了相当惨重的代价。战士们每前进一步都会有人牺牲。在柏林这个帝国的首都当中，几乎每一个废墟当中的石块和砖头，都是用苏军战士的生命粉碎的。

德军难以抵挡如此强劲的攻势，本来有意突围的希特勒也放弃了逃跑的念头。当天夜里，希特勒没有睡觉而是开始口述自己的政治遗嘱，将前帝国元帅赫尔曼·戈林以及前党卫军全国总司令海因里希·希姆莱开除出党，任命海军元帅邓尼茨为帝国总统和武装部队的最高统帅。可是，这一连串的安排实在是可笑的闹剧，因为它对德国法西斯命运的结局没有任何意义。

苏军为了顺利渡过兰德维尔运河并攻占蒂尔花园区，多次在这一带进行了侦察，最后派出部分兵力对敌人进行不间歇的袭扰，而让主攻人员充分休息，以便集中全部力量对德国法西斯分子进行最后致命的一击。

崔可夫在巡视部队的时候发现，由于柏林被彻底攻克的时间指日可待，因而在士兵当中出现了一种怠慢和松懈的状态。为此，他赶忙指示共产党员和共青团员对士兵进行教育并做好榜样，另外还要求战士们不要节约子弹和炮弹，采用直接瞄准的方式对敌人进行毫不留情的射击。在队形方面，崔可夫提出要采用小编制的阵型，切忌采用大规模的进攻方式。

除了在战斗方面提出要求之外，崔可夫还和集团军军事委员会就保护德国人民财产、银行、科学研究所、大使馆等问题做了明确的安排，防止出现混乱的情况。

现在，苏军无论是政治工作还是军事准备，都已经考虑周详并付诸实施。接下来，这些英勇的反法西斯战士，将对纳粹分子们进行严厉的惩罚！

## 4. 红旗飘扬在国会大厦

1945年4月28日，等待已久的时刻终于到了！在崔可夫的高声喝令之下，近卫第8集团军的士兵们英勇地冲向了兰德维尔运河，然而却遭到了躲藏在小巷里和十字路口拐角处的德军机枪的扫射，不少战士阵亡或负伤。崔可夫见状，一边查看地图一边进行目测，最后下令步兵从侧翼去打击德军的侧射火力，同时指示炮兵对运河的附近进行炮轰，尤其是运河转弯处的德军火力支撑点必须要摧毁，以此来压制敌人的火力阻击。



鉴于大口径火炮无法对狭窄的街道和密集的楼房进行直射，所以崔可夫采用了迫击炮轰击的方式拔掉了多个德军的火力点。但是，德军在地铁中构筑的工事无法通过暗道对其进行破坏，所以苏军必须通过地面进攻为主要的攻击手段。然而，当苏军向蒂尔花园区发动进攻的时候，却遭到了敌人强硬的抵抗。士兵们冒着生命危险去排除位于拱桥之上的地雷和炸药包，但是由于德军强大的火力无法完成任务，坦克也不能冲过拱桥。

崔可夫注视着拱桥，心中腾起团团怒火，他决定放弃使用机械化部队冲击的办法，而是改用步兵冲锋的方式越过拱桥，然后对敌人的各个火力发射点进行清扫。很快，步兵第220团第1营凭借弹幕掩护和炮火轰击顺利突击到了河对岸，占领了拐角处的一座房屋。随后，苏军战士在坦克身上挂满了发烟罐，使其在冲向敌人的过程中被烟雾所保护，终于顺利地冲过了拱桥，然后干净利落地消灭了对面街道的德军。

到了4月30日，白俄罗斯第1方面军和乌克兰第1方面军已经先后逼近了德国政府办公区的各个街道，紧接着就向国会大厦发动了进攻。就在这一天早晨，希特勒和他的新婚夫人爱娃·布劳恩双双自杀。随后，新任的帝国总理戈培尔召集众官员商讨下一步的计划，最后决定让克莱勃斯前去谈判并试图签订停火若干小时的协定。

4月30日，德国人通过广播宣布请求停火并将派出代表前去谈判，标志是一面白旗。

5月1日，克莱勃斯将军拿着两份公文走出了帝国办公厅的地下掩蔽部，他身边的冯·杜芬格上校则举着一面大白旗与之比肩而行。很快，他们两个就来到了近卫第8集团军的近卫步兵第4军的阵地，要求见苏军军官。苏军的战士连忙停止了射击并将这一情况报告给了军长，随后崔可夫也得知了这个消息，于是亲自面见了德国代表。

5月1日凌晨时分，克莱勃斯和冯·杜芬格以及一名翻译走进了近卫第8集团军的指挥所，克莱勃斯掏出了自己的身份证和全权证明书做了一下自我介绍。崔可夫看着这位胸前挂着铁十字勋章的德军参谋长，不禁感慨万千：正是因为苏军打到了这里，才有幸见到了此人的真容。

没等崔可夫开口，克莱勃斯就告诉了崔可夫一个“秘密”——希特勒已经在4月30日自杀了，然而崔可夫却装作已经知道的样子，让克莱勃斯倍感惊讶。最后，克莱勃斯只好把戈培尔给苏联最高统帅部的呼吁书拿出来并当众宣读：

“遵照已故元首的遗嘱，我们授权克莱勃斯将军办理如下事情：

我们通知苏联人民的领袖，今天15时50分，元首已自愿离开人世。元首根据他法定的权力，在他留下的遗嘱中，已把全部权力交给了邓尼茨、我和鲍尔曼。我全权委托鲍尔曼与苏联人民的领袖建立联系，这一联系，是遭受最大牺牲的两大国之间进行和平谈判所必需的。

戈培尔”

崔可夫听了之后，马上与克莱勃斯进行了一番交谈，发现这位帝国的参谋仍然要坚持保留以邓尼茨为首的新政府。于是，崔可夫将这个情况反映给了朱可夫，朱可夫又向斯大林做了汇报。最后，斯大林表示苏军只能接受无条件投降，任何形式的谈判都不会答应。





这样一来，克莱勃斯便显得非常尴尬，因为他根本不具备全权谈判的权力。不过，崔可夫也由此认定，与这位参谋长沟通一下也没什么坏处，至少能了解这些法西斯分子目前的想法，有利于处理战后的一些问题。

不久，崔可夫根据朱可夫的指示，在近卫第8集团军近卫步兵第35师第102团的进攻地段暂时停火，同时还签发了近卫第8集团军最后一份战斗命令——第2948号命令。随后，崔可夫继续与克莱勃斯进行谈判，并严厉地质问对方目前这种毫无意义的反抗有什么作用。

在崔可夫一连串的逼问之下，贼心不死的克莱勃斯仍然进行狡辩，崔可夫立即抓起一张有关希姆莱玩弄外交手段失败的报纸大声念了出来，并告知克莱勃斯只有先投降才能考虑新政府的问题而不是先组织新政府再投降。至此，苏德之间的谈判已经彻底崩裂。

上午9点45分，苏联政府对德国发出了最后通牒，命令德军必须无条件投降，否则将在10点40分发动新一轮的炮火攻击。为此，苏军特别提出了5项条款：

1. 柏林投降

2. 所有投降者须交出武器

3. 按照一般惯例，保证官兵的生命安全

4. 对伤员给予治疗

5. 为用电台与盟国进行谈判提供方便

在这最后关头，法西斯分子仍然没有及时做出任何回应。于是，苏军的炮兵部队开始对德军剩余的几个防御地区展开了相当猛烈的轰击。在这震耳欲聋的炮声当中，克莱勃斯慌张地回到了地下掩蔽部，向聚集在那里的党魁们讲述了谈判的经过。可是戈培尔的反应却是要以帝国新总理的身份战斗到最后一口气，而不是把宝贵的时间浪费在签订投降书上。在傍晚时分，丧心病狂的戈培尔毒死了他的6个孩子，然后和妻子一起在暗堡里自杀了。

随着希特勒和戈培尔的自裁，余下的纳粹高官们也惶惶不可终日，有人选择了逃脱，也有的人选择了追随领袖而去。与此同时，苏军加强了对国会大厦、帝国办公厅以及政府街区的进攻，战绩辉煌。近卫第8集团军的第28军攻取了蒂尔花园的动物园并向北面顺利推进；近卫第74师则攻占了波茨坦火车站。

5月2日清晨时分，柏林的城防司令魏德林将军来到苏军阵地，随后进入了崔可夫的指挥所。在证明了自己的身份之后，魏德林签署了投降令，内容如下：

"4月30日，元首已经自杀，他抛弃了我们这些曾宣誓效忠于他的人。根据元首的命令，我们德国军队还应该为保卫柏林继续作战，但是我们的弹药已消耗殆尽，从总的形势看，我们继续抵抗已经毫无意义。

我命令：立即停止抵抗。

魏德林"

没过多久，崔可夫也在朱可夫的授意下向魏德林宣布了苏军的通牒：

"第一、苏军统帅部接受柏林的投降，并下令停止军事行动。

第二、现存的一切德国民政当局和军事当局应向所有士兵、军官和居民宣布：一切军用物资、建筑物、公用设施和有重要价值的东西，均应妥善保持现状，不得炸毁和消灭。

第三、请您，海纳斯多夫先生，会同我们的军官一起到汉斯·弗里契博士处，带他到电台发表演说，然后回到这里来。

第四、我再次强调：我们将保证士兵、军官、将军和居民的人身安全，并尽可能为伤员提供医疗救护。

第五、我们要求德国人方面不要进行任何挑衅行动，如射击或其他破坏活动，否则，我军将被迫采取还击措施。”

柏林守军在中午时分投降。5月3日到8日，白俄罗斯第1方面军向易北河靠近，乌克兰第1方面军则开始准备解放捷克斯洛伐克，白俄罗斯第2方面军追歼德军的坦克第3集团军的残余力量并与英军第2集团军在易北河会师。

1945年5月9日，崔可夫参加了受降仪式。德军最高统帅部代表同意对苏联拟定的无条件投降书没有任何异议。于是，凯特尔元帅用哆嗦着的手签署了5份投降书，另外弗雷德堡上将和什图姆普弗上将也在上面签署了自己的名字，内容如下：

“我们，这些代表德国最高统帅部的签字者，同意德国一切陆、海、空军及目前仍在德国控制下的一切部队，向红军最高统帅部，同时向盟国远征军最高统帅部无条件投降。”

这不是一份普通的投降书，它代表着苏、美、英、法以及世界上其他抗击法西斯主义国家的人民，在经历了5年又8个月零7天的艰苦战斗中，在100多个战场上和1000个被轰炸的城镇中以自己宝贵的生命为代价，为彻底消灭德国纳粹分子而做出的光荣牺牲。

对于苏军来说，攻克柏林也付出了相当大的代价，但是也由此赢得了至高无上的尊严。从德国闪击苏联开始，再到莫斯科保卫战、列宁格勒保卫战以及斯大林格勒保卫战……苏军从被动防御到主动进攻，终于打到了德意志境内并一举捣毁了法西斯的老巢。这在世界军事史上也是值得大书特书的典范，必将永载史册。

另外，崔可夫和他率领的近卫第8集团军也是这段战争史中的光辉样板，他们从斯大林格勒走到了北顿涅茨河，从渡过第聂伯河到解放敖德萨，从德涅斯特河登陆场到维斯瓦河，一直到攻克柏林……期间，他们用鲜血和生命创造了战略反攻的奇迹。特别是作为指挥官的崔可夫，在一次次的战斗中充分表现出了英勇、果敢、智慧、灵活等过人的军事素质。

1945年4月6日，崔可夫获得了由苏联最高苏维埃主席团授予他的“苏联英雄”称号并得到了一枚“金星勋章”，让他成了卫国战争中98名两次获得此项荣誉的功臣之一。不仅如此，近卫第8集团军中的233人也荣获了苏联英雄称号，10多万人拿到了属于自己的各种奖章和勋章，145个兵团和部队荣获勋章，还有更多的兵团得到了荣誉称号。一个优秀的指挥官，在战火的洗礼之下带出了一支优秀的队伍！

# 第十章 没有硝烟的战争

# 1. 与西方世界抗衡

1945年5月9日，莫斯科红场的1000门火炮齐鸣30响，庆祝苏军的伟大胜利。从此，5月9日也被当作了苏联人民的重要节日之一——胜利日。6月24日，为了继续纪念苏联抗击德国法西斯主义的胜利，苏联政府又进行了隆重浩大的阅兵仪式。

在卫国战争时期一共有200余人担任过集团军司令员的职务，其中有66人荣获“苏联英雄”的荣誉称号，还有11人得到了“金星”奖章，有4人光荣地成了元帅。可见，“乱世出英雄”、“时势造英雄”确实应验在了苏联抗击德国法西斯的战场上，也将这个社会主义国家的潜力在战火和鲜血中激发出来。

在卫国战争中立下汗马功劳的崔可夫，理所当然地参加了这一隆重的盛典。在阅兵仪式结束后的第二天，莫斯科的大克里姆林宫又举行了由苏联政府举办的大型招待会。在这次史无前例的盛宴上，面带微笑、端着酒杯的斯大林，率领政府官员向各个方面军的首长及集团军司令员敬酒，气氛非常热烈、融洽。

斯大林走着走着，就来到了朱可夫、索科洛夫斯基以及崔可夫的身边。这时，斯大林才发现崔可夫使用的是一个很小的酒杯，于是对身边的工作人员使了个眼色，给这位将军马上换了一个大号的杯子。

崔可夫对领袖的这个举动感到很惊讶，一时间茫然不解。只见斯大林笑着说，他知道崔可夫的酒量很大所以用这么小巧的杯子怎么能解渴呢。说完，斯大林提议要和崔可夫干一杯，于是两个人一饮而尽。

这时，享用着国宴的崔可夫，禁不住回忆起了那些牺牲的战友们：他们是那么年轻，那么勇敢，对未来是那么充满希望……然而，他们已经永远地长眠了，不能与亲人团聚，也不能与领袖大口喝酒。顿时，崔可夫的眼角湿润了，他一边默默凝视着手中的酒杯，一边默默地悼念那些为抗击法西斯主义而献出了宝贵生命的英烈们。

在纳粹德国投降之后，原有的国家行政机构被中止了运行，而培养法西斯主义的温床——纳粹党以及分支机构也都被彻底摧毁了。为了控制德国的社会局势，苏、美、英、法四个国家组建了盟国管制委员会，将德国的领导机构取代并正式行使着所有的公共权力。在这个新成立的管制委员会当中，分别由几个占领区的总司令组成并设定了一个协调委员会作为其辅助机构，负责贯彻、执行以及监督管制委员会的所有决定。

1945年6月10日，在德国境内的苏占区的苏军部队被改编为苏军驻德占领军集群，总司令由朱可夫担任，副总司令为崔可夫。到了11月份，朱可夫被索科洛夫斯基取代了职位，因此崔可夫众望所归地成了第一副总司令。

崔可夫在就任副总司令期间，主要的工作是帮助总司令分担责任，其中包括：保卫苏占区的边界安全，监督执行苏联军官局颁发的各种条令和措施，解除苏占区的德军武装并消灭全部的纳粹党团和其他准军事组织，抓捕和审判那些在逃的纳粹骨干分子，对德国的一些垄断集团如克虏伯、弗里克等进行财产清查和没收，对那些大银行和煤炭钢铁产业以及动力基础工业，也全部实行国有化并成立州、县、乡模式的行政组织机构。

应该说，苏联在苏占区内为了维护战后德国的正常社会秩序做出了一些善举和贡献，缓和了与战败国人民之间的敌对关系，为日后德意志民主共和国的成立和发展奠定了经济、政治基础。当然，这种具有意识形态性质的改造在某种程度上也反映了苏联的国家模式。

1946年12月，美英两国正式建立了双占区，这就意味着德国不再是一个完整的国家，而是一个被战胜国进行政治分割的民族集合。1948年2月，西方的三大国与荷兰、比利时及卢森堡的代表在英国伦敦举行了会谈。在这次会谈中，法国同意将自己的占领区并入美英的双占区，从而组成了一个三占区。到了6月份，三国决定将这个三占区变成一个独立的西德国家。

显然，西方国家的这种政治改造，带有明显的资本主义意识形态的认同感以及对社会主义的排斥感。因此，作为二战后社会主义阵营中最强大的苏联，不能不做出某种回应。于是在6月份，苏占区和三占区的所有客运列车以及柏林到赫尔姆施泰特的交通都出现了中断的状态，其原因是所谓的“技术障碍”。很显然，这是苏联对抗西方国家的一次有力回击。

6月19日，索科洛夫斯基元帅对外宣布：德国境内的各个占领区之间的贸易要作为不同国家之间的贸易来进行处理——这就暗示着苏联要把占领区变成带有国别色彩的特殊地区。6月23日，苏联政府在事先没有任何征兆的前提下，掐断了柏林和三占区之间的交通联系，让西方大国措手不及。

还未等西方国家做出反应，苏联在8月4日又切断了苏占区和三占区之间的水路和公路的交通，将西柏林变成了一个与外界无法沟通的孤岛。美英法三国要想与西柏林建立联系，只能借助三条空中走廊来保持，这就给西方国家控制西柏林造成了很大的麻烦。

1948年底，柏林正式被分割为两座城市，它们在立法、行政以及货币等方面都存在着极大的不同。于是，这座刚刚从战火中重生的城市便酝酿着一场新的对抗，其主角不再是法西斯和反法西斯这一对势力，而是资本主义和社会主义这两大阵营。生活在这里的人民，将在同一片天空下呼吸着不同的政治氧气，他们的四周也被一股浓浓的火药味所包裹。

以美苏为首的两大阵营剑拔弩张，大有一触即发之势。然而，美国政府很清楚，苏联把柏林问题弄得如此敏感并不意味着它打算挑起战争，或许只是一种示威而已。因此，美国必须采取针锋相对的措施与其抗衡。

为了与苏联进行更有力的对抗，美国拿柏林问题大做文章，将战争爆发的可能性有板有眼地渲染出来，制造一种第三次世界大战马上就要爆发的气氛，由此扩大了军队的财政预算并将西欧国家拉入到自己的阵营当中，最后组建了西德政府和北大西洋公约组织。

面对杜鲁门政府的强硬动作，苏联也不得不寻求一种新的解决方式。从1949年开始，苏联着手解决封锁柏林带来的一系列附加问题，同时大张旗鼓地举办和宣传世界和平的各种运动，与美国扩军备战的路线唱对台戏。不过，苏联政府采取的最关键的外交步骤是与西方国家接触并秘密进行谈判。这样一来，柏林问题就出现了新的转机。

1949年3月，苏联政府将索科洛夫斯基调到国内担任武装部的第一副部长，而让崔可夫接替了他的工作并兼任驻德军官局的总指挥。

1949年5月5日，苏、美、英、法四国在几番争执和让步之后最终统一了意见，就德国分区占领的问题达成了协定。莫斯科、华盛顿、伦敦和巴黎在同一时刻发表了有关解除德国各个占领区和柏林之间限制的公报并宣布在5月12日正式“解冻”。

四天之后，崔可夫也发布了一条命令，宣布取消从1948年3月1日起推行的对柏林和三占区以及东德和西德之间的交通、贸易、运输的限令。5月12日，持续了一年之久的柏林危机随着这条命令终于告一段落，同时也预示着二战后的德国将会分成为两个不同社会形态的国家。





为了积极组建德意志民主共和国，戎马一生的崔可夫不得不在政治斗争和国际纠纷中学会更多两全其美的处理方式，因此他花费了大量的时间和精力去研究如何建立一个全新的、与西方体制相异的德国。对于这位一代名将来说，在战场上征服德国比在国际斗争中改造德国还是更容易一些。

9月21日，由美、英、法三国打造的德意志联邦共和国政府正式成立；10月7日，由苏联倾心培养的德意志民主共和国也宣布成立。至此，两个具有不同社会制度的德国正式建立并发展起来。10月10日，威廉·皮克出任德意志民主共和国的总统。

10月10日晚间，崔可夫亲自会见了临时人民议会主席团主席狄克曼、主席团全体人员及临时政府总理格罗提渥，就德意志民主共和国的相关事宜进行了商讨。在此次会晤中，狄克曼向崔可夫谈到了有关人民议会成立的目的、经过和工作进展以及人民议会通过的多项法律。显然，这次会谈的目的是德意志民主共和国希望人民议会提交的各项措施和议案能够得到苏联政府的全力支持。

为了表明苏联政府的态度，崔可夫谈到了有关德国人民委员会实施德意志民主共和国宪法以及在柏林建立德意志临时政府的决定并就此问题发表了声明。在声明中，崔可夫讲到苏联政府认为对在波恩建立另一个政府的行为显然违背了波茨坦精神的实质，将会进一步加深德国的分裂状态。因此，苏联政府将会支持德国人民委员会对实施德意志民主共和国宪法和成立临时政府的决定并将苏联军政府的行政职权移交给德意志民主共和国临时政府。

11月6日，德境管制委员会正式成立，取代了苏联政府行使相关权力。在接下来召开的苏联部长会议上，崔可夫被任命为主席。当天中午，崔可夫在会见格罗提渥、副总理乌布利希以及其他几位部长时，正式向他们通告了苏联军政府将把原有的行政权交给德意志民主共和国临时政府，同时还将取消苏联军政府及其中央与地方机关，并将这些权力统统转移给德意志民主共和国的有关部门和其他行政权力机构。

另外，崔可夫还将新成立的苏联管制委员会的任务公布出来，主要内容包括：

1. 监督波茨坦协定以及四国之间关于德国其他联合决议的执行。

2. 德意志民主共和国临时政府可以依据德意志民主共和国临时政府宪法自由行使权力，前提是不违反波茨坦决议的精神以及四国联合决议引起的义务。

3. 苏联管制委员会将保留监督的职权，包括监督临时政府采取的措施，不得违反四国关于肃清德国军国主义、关于德国民主化和德国赔偿义务的决议，还有关于德国机关获取所需情报的权利的决议。

可以说，在东德和西德两个不同政权建立的初期，苏联和西方大国之间的关系是非常微妙的，因此这就要求崔可夫必须妥善处理好有关德意志民主共和国的相关问题。作为曾经在外交方面有一定经验的崔可夫，也深深地了解自己所处的位置将会对未来的国际局势有着必然的影响。所以在他担任苏联驻德国军队总司令和管制委员会主席期间，充分使用了各种外交手腕，以灵活的政策应对风云变化的国际形势，缓解了东西方的关系，解除了柏林危机。

尽管崔可夫努力做好外交工作，但有些事情是他个人无力解决的。由于德意志民主共和国深受苏联的政治干预和影响，所以其国家发展和社会建设都受到了一定程度的掣肘，导致东德人民对这种大国沙文主义越来越不满，甚至有人开始逃向西德，去寻找他们认同的那种生活方式。

人生总是充满无奈，身处风口浪尖的崔可夫更是对此深有感触。这个从战场上走下来的名将，还要经历哪些考验呢？

## 2. 能武能文的帅才

1953年3月，斯大林去世，赫鲁晓夫接替他的职位，国防部长由布尔加宁担任，国防部第一副部长由华西列夫斯基和朱可夫出任，其他各个军区的将领也纷纷调任。5月28日，苏联驻德的管制委员会被正式解散，同时还将苏军指挥部和占领区的其他职能部门严格区分开来。自然，崔可夫的管制委员会的主席身份也随之取消，于是他被调到了基辅军区担任司令员，他原来的军队集群司令的职务则由原基辅军区司令格列奇科接任。

在崔可夫担任基辅军区司令员期间，做了很多有益于苏军建设的改革。一方面，崔可夫对部队的日常生活、训练条件等工作进行了很大程度的改善，修建了很多军营、野营、靶场、车场、机场和坦克教练场，为士兵们创造了一个良好的学习军事知识和技能的优越环境。

另一方面，崔可夫也十分注重将自己在战场中总结的经验与军事理论相结合并根据不断更新的军事技术和武器装备将其运用到司令部和部队的训练、实践当中。由于崔可夫正是一个善于在战斗中采用灵活战术的指挥官，所以他在对士兵的日常训练中也特别注意这一点，由此他非常注重培养指挥员的临场应变能力。

比如，当崔可夫正和某个指挥员谈话的时候会突然打断对方然后告知他已经身受重伤所以其指挥权将交给代理人。起初，那些新来的指挥员对此无所适从，但是经过一段时间的训练就能应对自如了。此外，崔可夫还在训练中增加了很多意外情境的训练，如桥梁被炸毁、道路被封锁或者是指挥所遭到轰炸等等，这一系列的训练都大大提高了基辅军区部队的军事素质，对实战是非常有意义的。

由于崔可夫在战场中的卓越表现和杰出声望，苏联政府对他的器重程度也越来越高。1952年，崔可夫在苏共十九大上被选为苏共中央候补委员，积极参与到了苏联政府的日常政治生活中。1955年，他光荣地晋升为元帅，达到了其戎马生涯中的最高点。1960年，崔可夫调入国防部担任副部长兼任陆军总司令。同年7月，他又兼任苏联民防司令。1961年，崔可夫在苏共二十二大上当选为苏共中央委员，一跃成了苏联武装力量的重要人物之一。

和其他指挥官相比，崔可夫的思维比较超前，头脑比较活跃，对新生事物的接受能力也比较强。在他担任国防部副部长兼任陆军总司令以及苏联民防司令期间，特别注意发展新式武器装备，关注科技的进步和发达国家使用的导弹以及核武器装备军队等现代化军事变革。显然，崔可夫没有沉迷在大兵团作战的旧式军事思维当中，而是提倡建立高质量、高精尖、高效率的科技化军队。

在崔可夫的主导之下，当时的苏联陆军大批量地使用了先进的战术导弹、战役战术导弹以及核武器等具有超强杀伤力的武器。同时，崔可夫还让苏联的陆军全面实现了摩托化，为美苏争霸中苏联的军事力量增添了重要的砝码。另外，崔可夫还提高了国民经济部门战时工作的效率和稳定性，避免在战争爆发时居民遭遇大规模的杀伤，促使苏联的民防工程得到了很大的进步。

此外，崔可夫还根据二战后变化的作战条件对陆军的组织体制、战术方法以及训练手段都进行了具有实际意义的调整，让苏军的兵团战斗力、突击威力、火力以及机动能力和独立作战能力都得到了有效的提高。

1953年3月1日，斯大林患上了十分严重的中风，赫鲁晓夫等人轮流值班守候在他的身边。然而在3月5日的时候，斯大林溘然辞世，扫清了政敌的赫鲁晓夫成了苏联的新任领袖，这也是崔可夫受到重用的崭新开始。由于他的过人能力和独特思维，让赫鲁晓夫对其非常重视并将他视为自己最得力的帮手之一。相比于二战时期的"救火队员"朱可夫，他算是军界中的常青树。

1962年10月，美国的U-2侦察机发现了苏联在古巴境内援建的导弹基地，肯尼迪总统立即向苏联表示了强烈抗议并要求马上将其拆除，否则，美国将"帮助"苏联清除这些直接威胁美国安全的导弹设施。

面对美国的强硬态度，苏联则解释这些导弹基地只是防御性的，没有攻击力。然而美国却毫不手软，派出了一支由90艘战舰组成的庞大舰队，在8艘航空母舰的护卫下和68个空军中队，在古巴领海附近布设了警戒线并拦截所有驶入封锁区的船只。

对此，苏联政府的反应是，如果美国拦截他们的舰船将进行最强烈的回击。谁知肯尼迪总统毫无惧色，命令陆军第一装甲师来到接近古巴的地区，并让另外5个师进入紧急戒备状态，最可怕的是，携带核武器的B-52型轰炸机也腾空待命。结果，苏联面对美国如此强悍的外交辞令和军事行动，终于败下阵来，赫鲁晓夫宣布将导弹从古巴撤走，而美国表示自己不会入侵古巴。于是，一场战争危机有惊无险地结束了。

由于当时苏联的实力逊于美国，因此赫鲁晓夫在这次交织着政治、军事以及意识形态的导弹危机中采用了保守退让的策略，而这种做法恰恰让苏军中的强硬派人物感到十分愤慨。为了给自己增加可靠而有力的支持者，赫鲁晓夫让时任苏联陆军司令的崔可夫去告诫部队：党拥有监督和指挥军队的绝对权力。

身处政治斗争漩涡的崔可夫，也越来越发觉最可怕的并不是军事战场，而是政治战场，一旦有人输了或者赢了，都有可能导致一次战争的爆发。在冷战时期，崔可夫体验到了一种与二战时期完全不同的生活。

1972年，72岁高龄的崔可夫在呼声中出任了国防部总监小组的总监。这个小组是1958年在苏联部长会议上得到通过、由苏联的国防部长领导的为完成和加强战备、完成与武装力量的建设和发展相关的任务建立起来的。参与这个小组的成员都是苏军当中最有指挥经验和政治能力的高级军官和技术专家。

崔可夫在进入这个小组之后，主要的工作是和大家进行有关军事理论问题的研究，特别是对第二次世界大战中的经验进行认真的总结，同时还细致地分析和评论军事理论、军事政治、军事历史、军事技术等方面的著作书籍。此外，崔可夫还出任了军事出版机构编委会的委员，将自己对战争的理解和总结以报告和演讲的形式对苏联人民进行了爱国主义教育，得到了广泛的好评。

崔可夫不仅是一个优秀的军事指挥家，也是一个著作等身的军事理论家。自从他拿起武器走向战场之后，他就从未停止过对军事理论书籍的撰写。在他的一生当中，大概创作了十多部著作。其中有他的个人回忆录，也有他对各大战役的经验总结。

个人传记类包括：《在战火中锤炼青春》，记录了崔可夫从一个贫苦的农家子弟成长为一名优秀军事指挥员的经历；《在华使命》，描述了他在1926年、1927年、1929年以及1940年出使中国的经历。

军事理论著作更加庞大，其中包括：

《集体英雄主义的集团军》、《空前的战绩》、《斯大林格勒：经验与教训》、《从斯大林格勒到柏林》、《斯大林格勒近卫军西进》、《战火中的180天》、《在乌克兰的战斗》、《本世纪之战》等等，每一本书，都讲述了崔可夫在不同时期的战斗故事，既扣人心弦又发人深省。

《从斯大林格勒到柏林》记录了崔可夫在卫国战争中的经历；《斯大林格勒近卫军西进》描写了崔可夫领导集团军与友军抢占马格努舍夫登陆场以及攻取维斯瓦河、奥得河乃至柏林的战斗经历；《在乌克兰的战斗》记录了崔可夫带领部队渡过北顿涅茨河、鏖战扎波罗热、攻占尼科波尔以及收复敖德萨的战斗经历；《本世纪之战》总结了崔可夫战斗生涯的经验和感悟，是一部启迪作战智慧的好书。

崔可夫根据自己的亲身经历，用通俗易懂的语言写下了他对战争和人生的独特理解和深切感悟，为后世子孙留下了一笔宝贵的财富。

## 3. 一代将星消逝

应该说，崔可夫在军事战术方面的确有着过人的领悟能力和颇深的造诣。崔可夫觉得，一支部队要想取胜不仅需要有高科技的武器装备、充足的后勤保障和足够的兵力，更需要有坚定的战斗信念和灵活的战术。因此，崔可夫在担任指挥官之后经常做的一件事，就是不断地向战士们输送一个信号——他时时刻刻与战士们一起，在同一个战壕里，在同一个掩蔽体里，在同一个射击孔里……

崔可夫正是培养出了这种共同进退的协作感，才能在他和士兵之间形成一种默契，从而保证战斗的最终胜利。的确，在崔可夫的军事生涯中，他不止一次地冒着生命危险深入前沿阵地甚至是敌方阵地勘察敌情，有好几次都负了伤。然而也恰恰是因为崔可夫这种身先士卒的精神，让他在指挥部队作战时避免了纸上谈兵，能够从实际战况出发，制定出正确的作战计划。

此外，崔可夫还强调集团军必须要在党的领导下才能英勇地作战。在他的集团军当中，每个连队都会成立一个党小组指导政治工作，无论是共产党员还是共青团员都是军队中坚强的领导核心。在崔可夫的集团军之中，所有的党员和团员都必须要有冲锋在前的牺牲精神和享乐在后的奉献精神。所以在斯大林格勒战役结束之后，崔可夫请求将最美丽的街道命名为共青团大街。

除了加强军队的政治工作之外，崔可夫更加注重各种军事理论和战法的研究：

一、崔可夫将战前的侦察工作当作取胜的关键，无论是进攻还是防御都需要细致的侦察，因为只有掌握了翔实准确的情报之后才能制定出行之有效的作战计划，才能隐藏已方的作战动机从而给敌人造成出其不意的打击。

二、崔可夫不被传统的战术所牵绊，能够随着战况的变化而实施灵活的对敌策略。崔可夫认为战斗环境决定着战术，这是一名优秀的指挥官必须要考虑的问题，也是部队取得最后胜利的重要途径。

三、崔可夫认为进攻和防御不是相对立的，而是一个紧密连接的整体。如果在战斗中仅仅强调防御的话，只能让部队遭受更严重的损失。最正确的做法，就是建立积极防御的意识，一旦发现有利机会就可以将防御变成进攻，用反冲击等形式对敌人进行打击。

四、崔可夫还特别重视战斗队形的编排，他会根据不同的战况科学合理地进行兵种、兵力和武器种类的分配组合，在二战中他曾多次巧妙地利用强击群和强击队冲击敌人的防线，战绩辉煌。

五、崔可夫非常重视战争之神——火炮的作用，他强调要将不同口径的火炮运用在不同的场合当中，而且在实战中要根据战况和指挥方式对火炮采用分散或者集中的方法，往往能收到奇效。

六、崔可夫注意为苏军培养高素质的狙击手，崔可夫曾经直接领导和参与狙击手运动并和那些优秀狙击手进行经验交流，同时对炮兵狙击手也十分重视，训练和锻造出一批让敌人闻风丧胆的“瞄准杀神”，如能穿过烟囱击中敌人的别兹季德科和反坦克神炮手普罗托季亚科诺夫等等。

在崔可夫的身上，体现出了三个比较明显的个人特质：

一、崔可夫具有超强的洞察力，能够将看似复杂纷乱的问题一语击中要害，从而抓住最实质最关键的内容，这主要是由于崔可夫的经验丰富和知识广博。在崔可夫和空军人员研究有关后勤保障的问题时，身为一个陆军军官出身的他却常常问得对方哑口无言。此外，崔可夫还对坦克兵非常了解，让担任过坦克部队指挥官的人都不得不心生敬佩。

二、崔可夫具有出色的创造力，不会被固有的思维方式所僵化。崔可夫在战斗中，几乎每一场战斗都会遇到突发情况，而每一次突发情况他都能随机地想出具有针对性的方法来解决，他从来不会被教科书上的条条框框所束缚，而是会根据实际情况让自己的头脑充满“战斗的灵感”。

三、崔可夫具有鲜明的原则性，善于将坚持和变通巧妙地融为一体。崔可夫在执行上级的命令时，绝不会毫无主见地执行，而是会根据自己的想法确认哪些是正确的哪些是错误的，而且会将自己的想法坚持到底。如果上级不能听从他的建议，崔可夫也会据理力争，因为他知道这关系到战斗的胜负，而不是某些人的面子。

崔可夫在战斗中为自己赢得了荣誉，大家对他的评价也非常高。苏联武装部队总参谋长曾经说过，崔可夫的意志和坚定性是可以当作榜样的，而且是一个精力充沛的人。在进攻波兹南的战斗中，无论白天还是夜间，崔可夫总是能够及时地出现战况激烈的阵地附近。因此，崔可夫得到的荣誉也是非常耀眼的，包括：

1枚红星勋章、1枚十月革命勋章、3枚一级苏沃洛夫勋章、4枚红旗勋章、9枚列宁勋章以及荣誉武器一件，还有其他数不清的奖章和外国勋章。这些用鲜血换来的荣誉，足可以证明崔可夫是一个出色的军事家。

1982年3月18日，82岁的崔可夫逝世。按照他的身份与社会地位，本来可以安葬在克林姆林宫的宫墙下或者新圣女公墓。然而，这位元帅的遗愿却是将自己埋葬于伏尔加格勒（斯大林格勒）马马耶夫岗的土地下面，与老战友舒米洛夫上将以及其他阵亡的士兵们一起，长眠在他们曾经战斗过的地方。

一代将星就这样消逝了，然而将星的伟大军事思想永存，将星的战斗精神不灭！

# 附录

# 崔可夫生平

1900年2月12日，瓦西里·伊万诺维奇·崔可夫，出生在俄国图拉省奥谢特尔河河谷的谢列布里亚内普鲁德村，父母都是穷苦的农民。12岁时，崔可夫因生活所迫离开家乡，前往彼得堡谋生，在一家制造刺马针的工厂做工。

一战爆发后，俄国经济萧条，工厂倒闭。1917年，崔可夫在哥哥的介绍下来到喀琅施塔得当上了一名水兵。十月革命胜利后，崔可夫在兄长的帮助下来到莫斯科的军事教官训练班进行学习。1918年，由于帝国主义对苏俄政权进行武装干涉以及白匪军的作乱，崔可夫奉命和其他学员一起平息叛乱，初步显示出了他英勇果敢的个性。

1918年底，革命形势危急，崔可夫被派到了南部战线担任连队的副连长，并率领战士们成功击退了白匪军的一次偷袭，赢得了士兵们的信任和爱戴。

在崔可夫19岁时，担任了步兵第40团的团长，带着部下东征西讨，与强悍的高尔察克匪帮以及波兰白匪军进行了殊死的战斗并身负重伤。战争结束后，崔可夫辞去了军职，进入到了苏俄当时最有名气的伏龙芝军事学院进行深造并于1925年以优异的成绩毕业。

1926年，崔可夫以外交随员的身份出使中国，目睹了中国人民饱受军阀战乱之苦的惨状。1927年，崔可夫以军事顾问的身份再度前往中国，足迹遍布整个华北、华南和四川。

1940年，苏芬战争爆发，崔可夫被调任第9集团军司令官，不想在战斗中遭受芬军重创，因此被解除了职务。同年，崔可夫受到斯大林的指派第三次赴华，担任驻华武官和蒋介石的军事总顾问，在国共两党之间进行政治斡旋，成功调解了“皖南事变”。

1941年，崔可夫回国，历任军事要职，最后被任命为集团军司令员。此时，苏德战争已经爆发，崔可夫带领部队先后参加了斯大林格勒保卫战，指挥了第64、第62集团军，负责市区的防御并在激烈的战斗中屡出奇谋，创造了多种新战术，终于胜利保卫了斯大林格勒。

随后，崔可夫又参加了解放苏联本土的多次会战，如库尔斯克战役、维斯瓦—奥得河战役等等。最后，崔可夫参加了攻克柏林的会战，为自己的军事生涯留下了最光辉的足迹。1945年5月9日，崔可夫亲眼见证了德国无条件投降的签字仪式。

二战结束后，崔可夫先后担任苏军驻德军队集群副总司令、第一副总司令、总司令，同时还兼任苏军驻德军管局总指挥和对德管制委员会主席。1952年，崔可夫在苏共十九大上当选为苏共中央候补委员。1953年，由于苏联撤销了德境管制委员会，崔可夫被调回国，担任基辅军区司令。

1955年，崔可夫晋升为元帅。1960年，崔可夫调任国防部副部长兼陆军总司令。同年7月，崔可夫又担任苏联民防司令。1961年，崔可夫在苏共二十二大上当选为苏共中央委员。1982年3月18日，崔可夫逝世，享年82岁。

# 崔可夫年表

1900年2月12日，出生在俄国图拉省奥谢特尔河河谷的谢列布里亚内普鲁德村。

1912年，因家境贫寒而辍学，离开家乡，只身一人前往首都彼得堡谋生。

1917年，来到喀琅施塔得当上了一名水兵，十月革命胜利后在其兄的帮助下来到莫斯科的军事教官训练班进行学习。

1918年，奉命和训练班学员一起平息叛乱，同年底被派到了南部战线担任连队的副连长。

1919年，就任步兵第40团的团长。

1922年8月，申请进入伏龙芝军事学院成功，成为第五期学员。

1925年8月，以优异的成绩随第五期学员们如期毕业；

1926年，以外交随员的身份出使中国，随资深外交官克罗日科前往中国，先后到过哈尔滨、长春、旅顺、大连、天津、北京。

1927年，正式完成在伏龙芝军事学院东方系的学业，再度前往中国，担任军事顾问。

1929年，中苏双方因中东铁路争端产生纠纷，事态愈演愈烈，两国军队在边境地区不断结集。7月13日，苏联宣布与中国断绝外交关系，崔可夫奉命随苏方外交人员撤回国内。

1930年代初，苏联对军队开始进行大规模的技术装备改造，具有实战经验和系统军事理论素养并有着外交经验的崔可夫被苏联军事委员会选派担任首长进修班主任职务。

1936年初，被选送入红军机械化和摩托化学院的速成班学习。

1938年4月，年仅38岁的崔可夫被任命为步兵第5军的少将军长。

1938年7月，再次升任白俄罗斯特别军区博布鲁伊斯克集群司令官。

1939年初，国际形势因纳粹扩张而日趋恶化，位于苏联西部前哨的白俄罗斯特别军区进行重大改组，对原博布鲁伊斯克集群改造，建立了第4集团军，崔可夫出任集团军司令官。

1940年，调任第9集团军司令官，因部队遭受芬军重创，所以被解除了职务。

1940年，受到斯大林的指派，第三次赶赴中国，担任驻华武官和蒋介石的军事总顾问。

1941年，回国历任军事要职，并被任命为集团军司令员。

1942年，在斯大林格勒会战中，指挥的第62集团军在市区防御作战中，多次击退了数倍于己的德军部队，完成了苏联最高统帅部“不许后退一步”的任务。

1945年4月，崔可夫挥军进入柏林，

1945年5月2日，柏林城防司令魏德林来到崔可夫的指挥所，签署了投降令。

1945年5月9日，亲眼见证德国无条件投降的签字仪式。

1952年，在苏共十九大上当选为苏共中央候补委员。

1953年，被调回国，担任基辅军区司令。

1955年，因一生的显赫战功而光荣晋升为元帅。

1960年，调任国防部副部长兼陆军总司令。

1960年7月，担任苏联民防司令。

1961年，在苏共二十二大上当选为苏共中央委员。

1972年，以72岁高龄改任国防部总监小组组长，仍然着力研究军事理论问题，总结第二次世界大战的经验。

1982年3月18日，逝世，享年82岁。以其地位和职务，应葬于克里姆林宫宫墙下，但最终还是遵照他的遗愿葬于伏尔加格勒（斯大林格勒）马马耶夫岗，与老战友舒米洛夫上将做伴。